A Key to the Exercises Contained in Adler's Practical Grammar of the Latin Language

George J. Adler

Copyright © BiblioLife, LLC

BiblioLife Reproduction Series: Our goal at BiblioLife is to help readers, educators and researchers by bringing back in print hard-to-find original publications at a reasonable price and, at the same time, preserve the legacy of literary history. The following book represents an authentic reproduction of the text as printed by the original publisher and may contain prior copyright references. While we have attempted to accurately maintain the integrity of the original work(s), from time to time there are problems with the original book scan that may result in minor errors in the reproduction, including imperfections such as missing and blurred pages, poor pictures, markings and other reproduction issues beyond our control. Because this work is culturally important, we have made it available as a part of our commitment to protecting, preserving and promoting the world's literature.

All of our books are in the "public domain" and some are derived from Open Source projects dedicated to digitizing historic literature. We believe that when we undertake the difficult task of re-creating them as attractive, readable and affordable books, we further the mutual goal of sharing these works with a larger audience. A portion of BiblioLife profits go back to Open Source projects in the form of a donation to the groups that do this important work around the world. If you would like to make a donation to these worthy Open Source projects, or would just like to get more information about these important initiatives, please visit www.bibliolife.com/opensource.

A

KEY

TO THE EXERCISES CONTAINED IN

ADLER'S PRACTICAL GRAMMAR

OF THE

LATIN LANGUAGE.

PREPARED BY THE AUTHOR.

BOSTON:
SANBORN, BAZIN & ELLSWORTH.
1858.

PREFACE.

I HAVE added this KEY to the Exercises of my PRACTICAL GRAMMAR OF THE LATIN LANGUAGE, for the benefit of teachers, and of such students, as may not have the advantages of more extended oral or written authority upon the subject. But since the Latin, by the use or absence of particles, exhibits a far greater variety of construction in interrogative sentences, than the English, with certain shades of distinction not always indicated by the latter idiom, the questions, as here put, are not proposed as the only form, in which they may occur in every instance, and the student may not unfrequently have them in a different shape, though equally correct, according to the rules advanced in the several lessons and developed at large in Lessons LXXXV and XCVII. It is hoped, however, that this Latin version of the Exercises may serve, if not as an absolute standard, at least as a useful aid to the efforts of the teacher, who, in his explanations, variations, and amplifications, can enhance the interest of the study at his pleasure, and that in this sense, properly used, it may prove an acceptable guide in the course here pointed out.

G. J. ADLER.

BOSTON, *March*, 1858.

KEY
TO
ADLER'S LATIN GRAMMAR.

1. DICTATA PRIMA.

Habesne mensam (Estne tibi mensa)? — Etiam, domine, mensam habeo (Est mihi mensa). — Habesne mensam meam (Estne tibi mensa mea)? — Mensam tuam habeo (Est mihi mensa tua). — Habesne pennam tuam (Estne tibi penna tua)? — Pennam meam habeo (Est mihi penna mea). — Habesne saccharum (Estne tibi saccharum)? — Saccharum habeo (Est mihi saccharum). — Habesne saccharum meum (Estne tibi saccharum meum)? — Saccharum tuum habeo (Est mihi saccharum tuum). — Habesne chartam (Estne tibi charta)? — Chartam habeo (Est mihi charta). — Habesne chartam tuam (Estne tibi charta tua)? — Chartam meam habeo (Est mihi charta mea). — Habesne sal (Estne tibi sal? — Sal habeo (Est mihi sal). — Habesne sal meum (Estne tibi sal meum)? — Sal tuum habeo (Est mihi sal tuum).

2. DICTATA ALTERA.

Habesne pileum pulchrum (Estne tibi pileus pulcher)? — Etiam, domine, pileum pulchrum habeo (Est mihi pileus pulcher). — Habesne pileum meum nequam (Estne tibi pileus meus nequam)? — Habeo pileum tuum nequam (Est mihi pileus tuus nequam). — Habesne (Estne tibi) sal vile? — Habeo (Est mihi) sal vile. — Habesne (Estne tibi) sal tuum bonum? — Sal meum bonum habeo (Est mihi sal meum bonum). — Quod sal habes (tibi est)? — Sal tuum bonum habeo (mihi est). — Quod saccharum habes (tibi est)? — Saccharum meum bonum habeo (mihi est). — Habesne (Estne tibi) saccharum meum bonum? — Saccharum tuum bonum habeo (mihi est). — Quam mensam habes (Quæ mensa tibi est)? — Mensam pulchram habeo (Mihi est mensa pulchra). — Habesne mensam meam pulchram (Estne tibi mensa mea pulchra)? — Mensam tuam pulchram habeo (Est mihi mensa tua pulchra). — Quam chartam habes (Quæ charta tibi est)? — Chartam vilem habeo (Charta mihi vilis est). — Habesne chartam meam turpem (Estne tibi charta mea turpis)? — Chartam tuam turpem habeo (Est mihi charta tua turpis). — Quem pileum vilem habes (Qui pileus vilis tibi est)? — Meum pileum vilem habeo (Pileus meus vilis mihi est). — Quam tæniam pulchram habes (Quæ tænia pulchra tibi est)? — Habesne pennam meam pulchram (Estne tibi penna mea pulchra)? — Habeo pennam tuam pulchram (Est mihi penna tua pulchra).

3. DICTATA TERTIA.

Habesne mensam ligneam (Num tibi est mensa lignea)? — Non, domine, eam non habeo (Non, domine, non est). — Quam mensam habes (Quæ tibi mensa est)? — Mensam ligneam habeo (Mensa mihi est lignea). — Habesne (Estne tibi) candelabrum meum aureum? — Non habeo (Non est). — Quod tibiale habes (Quod tibi tibiale est)? — Tibiale linteum habeo (mihi est). — Num tibiale meum linteum habes (tibi est)? — Tibiale tuum linteum non habeo. — Quam togam habes (Quæ toga tibi est)? — Togam meam e panno habeo. — Quem equum habes (Qui equus tibi est). — Equum ligneum habeo (Equus est mihi ligneus). — Num calceum meum scorteum habes (Num tibi calceus meus scorteus est)? — Non habeo (Non est). — Ecquid equum plumbeum habes (Estne tibi equus plumbeus)? — Non habeo (Non est). — Habesne equum tuum ligneum bonum? — Non habeo. — Quod lignum habes (tibi est)? — Lignum tum bonum habeo (mihi est). — Num aurum meum bonum habes (tibi est)? — Non habeo (Non est). — Quod aurum habes (tibi est)? — Aurum bonum habeo (mihi est). — Quem lapidem habes (Qui lapis tibi est)? — Lapidem tuum pulchrum habeo (Est mihi lapis tuus pulcher). — Quam tæniam habes (Quæ tænia tibi est)? — Tæniam tuam auream habeo (Tænia tua aurea mihi est). — Habesne canem meum formosum (Estne tibi canis meus formosus)? — Habeo (Est). — Habesne equum meum turpem (Num est tibi equus meus turpis)? — Non habeo (Non est).

4. DICTATA QUARTA.

Habesne riscum scorteum? — Riscum scorteum non habeo. — Num tibi est riscus meus bellus? — Non est mihi riscus tuus bellus. — Quem riscum habes? — Riscum ligneum habeo. — Habesne orbiculum fibulatorium meum vetulum? — Non habeo. — Quæ pecunia tibi est? — Est mihi pecunia bona. — Quem caseum habes? — Caseum vetulum habeo. — Estne tibi aliquid? — Est mihi aliquid. — Habesne canem meum magnum? — Non habeo. — An aurum tuum bonum habes? — Habeo. — Quem canem habes? — Canem sartoris habeo. — Num tibi est magnus vicini canis*? — Non est. — An tibi est aurea canis tænia? — Non vero, domine, non est. — Quam togam habes? — Bonam sartoris togam habeo. — Num tibi est vicini panis bonus? — Non est. — Habesne auream sartoris mei tæniam? — Habeo. — Estne tibi tænia canis mei belli? — Non est. — Habesne bonum pistoris boni equum? — Habeo. — Num equum sartoris boni habes? — Non habeo. — Esurisne? — Esurio. — Num es cupidus somni (somniculosus)? — Non sum cupidus somni. — Quod candelabrum habes? — Aureum pistoris mei boni candelabrum habeo.

5. DICTATA QUINTA.

Habesne librum meum (Num librum meum habes)? — Non habeo. — Quem librum habes? — Librum meum bonum habeo. — Estne tibi aliquid turpe? — Nihil turpe habeo (Non est mihi quidquam turpe). — Aliquid belli habeo (Est mihi aliquid belli). — Quæ mensa tibi est? — Est mihi mensa pistoris. — Utrum tibi est (Estne tibi) canis pistoris an vicini? — Est mihi canis vicini. — Quid habes? — Nihil habeo. — Habesne saccharum bonum an nequam? — Bonum habeo. — Utrum vicini equum habes bonum an malum? — Bonum habeo. — Aureumne tibi candelabrum est an argenteum? — Est mihi candelabrum argenteum. — Habesne chartam vicini mei an pistoris? — (Illam) pistoris tui habeo. — Utrum esuris an satis? — Esurio. — Esne (Utrum es) somniculosus an fessus? — Fessus sum. — Quid est tibi pulchri? — Non est mihi quidquam pulchri (Nihil pulchri habeo). — Habesne aliquid

* On this arrangement see Grammar, page 650, Rem. 2.

turpe? — Nihil turpe habeo. — Num calceum scorteum habes? — (Eum) non habeo. — Quid boni tibi est? — Est mihi bonum saccharum (Bonum saccharum habeo).

6. DICTATA SEXTA.

Utrum pannum habes (Habesne pannum) tuum an meum? — Neque tuum neque meum habeo. — Neque meum panem nec sartoris habeo. — Habesne baculum meum an tuum? — Meum habeo. — Utrum tibi est calceus sutoris an mercatoris? — Non est mihi nec sutoris nec mercatoris. — Num tibi est toga fratris mei? — Non est. — Quam chartam habes? — Chartam amici tui habeo. — Habesne canem meum an (illum) amici mei? — Amici tui (canem) habeo. — Utrum tibiale linteum habes meum an fratris mei? — Nec tuum nec fratris tui habeo. — Utrum tibi est (Estne tibi) bonus pistoris mei boni panis an (ille) amici mei? — Non est mihi neque pistoris tui boni neque amici tui. — Quem panem habes? — Meum habeo. — Quæ tænia tibi est? — Est mihi tua. — Utrum caseum habes bonum an nequam? — Nec bonum nec nequam habeo (Non habeo neque bonum nec nequam). — Habesne aliquid? — Nihil habeo. — Utrum canem meum bellum an turpem habes? — Ego nec canem tuum bellum nec turpem habeo. — Num tibi est baculum amici mei? — Non est. — Utrum es cupidus somni an esuris? — Neque cupidus somni sum neque esurio. — Utrum sal habes bonum an vile? — Nec bonum nec vile habeo (Non habeo nec bonum nec vile). — Utrum tibi est equus meus an hominis? — Non est mihi neque tuus neque hominis. — Quid habes? — Nihil pulchri habeo. — Esne fessus (Num fessus es)? — Non sum fessus.

7. DICTATA SEPTIMA.

Quem canem habes? — Ego neque pistoris neque amici mei canem habeo. — Num es somniculosus? — Non sum somniculosus. — Esurio. — Non esuris. — Sitione? — Non sitis. — Num embolus mihi est (Estne mihi embolus)? — Non vero, domine, non est. — Habeone lignum fabri tignarii? — Non habes. — An ego bonum Francogalli umbraculum habeo? — Habes. — Utrum ego clavos ferreos habeo fabri tignarii an tuos? — Meos habes. — Neque illos fabri tignarii neque meos habes. — Quem stilum cerussatum habeo ? — Francogalli habes. — Tuumne ego digiti munimentum habeo an sartoris ? — Neque meum habes neque (illud) sartoris — Quod umbraculum mihi est ? — Tibi est umbraculum meum bonum. — Num ego bonum Francogalli mel habeo ? — Non habes. — Quod buccellatum habeo ? — Vicini mei boni (buccellatum) habes. — Estne tibi coffea mea an pueri mei ? — Mihi est (illa) pueri tui boni. — Utrum embolum habes tuum an meum ? — Nec tuum nec meum habeo. — Quid habes ? — Bonum fratris mei boni stilum cerussatum habeo. — Loquorne vere ? — Recte loqueris. — Estne mihi nefas ? — Est tibi nefas. — Non est tibi nefas. — Utrum ego recte loquor (Rectene loquor) an erro ? — Neque recte loqueris neque erras. — Esurione ? — Esuris. — Non es cupidus somni. — Tu neque esuris neque sitis. — Quid boni habeo ? — Tu nec coffeam bonam nec saccharum bonum habes. — Quid mihi est (Quid habeo) ? — Nihil habes. — Quid habes (Quid tibi est) ? — Aliquid pulchri habeo (Est mihi quiddam pulchri).

8. DICTATA OCTAVA.

Utrum esurit (Esuritne) an sitit ? — Neque esurit nec sitit. — Habetne amicus pileum meum ? — Habet. — Non habet. — Quis ovem meam habet (Cui est ovis mea) ? — Amicus tuus eam habet. — Quis saccum meum magnum (amplum) habet ? — Pistor eum habet. — Numquid (Num) adolescens librum meum habet ? — Non habet. — Quid habet (Quid ei est) ? — Nihil habet (Non est ei quidquam). — Utrum ille habet malleum an clavum ? — Nec malleum nec clavum habet. — Utrum ei est umbraculum tuum an baculum tuum ? — Non est ei neque umbraculum tuum nec baculum tuum. — Utrum habet (Habetne) coffeam meam an saccharum meum ? — Nec coffeam tuam nec saccharum tuum habet ; mel tuum habet. — Utrum ille buccellatum habet fratris mei an (illud) Francogalli ? — Nec fratris tui nec Francogalli habet ; (illud) pueri boni habet. — Quam navem habet (Quæ navis ei est) ? — Navem meam bonam habet. — Estne ei ovis vetula an vervex (Utrum ei est ovis vetula an vervex) ?

9. DICTATA NONA.

Utrum juvenis cultrum habet (Habetne juvenis cultrum) meum an pictoris? — Nec tuum habet nec pictoris. — Quis habet pulchrum fratris mei canem? — Amicus tuus eum habet. — Quid amicus meus tenet? — Panem pistoris bonum tenet. — Vicini boni pullum gallinaceum bonum habet. — Quid habes (tibi est)? — Nihil habeo (Non est mihi quidquam). — Utrum tibi est saccus meus an tuus? — Est mihi saccus amici tui. — Habeone cultrum tuum bonum? — Habes. — Non habes. — Num adolescens (eum) habet? — Non habet. — Quid habet? — Aliquid boni habet. — Nihil nequam habet. — Num est ei aliquid? — Non est ei quidquam. — Num cupidus somni est? — Non est cupidus somni (somniculosus). — Esurit. — Quis esurit? — Juvenis esurit. — Amicus tuus esurit. — Puer (filius) fratris tui esurit. — Sutoris mei frater esurit. — Puer sartoris mei boni sitit. — Qui(s) homo librum meum tenet? — Homo procerus (grandis) eum tenet. — Qui(s) homo equum meum habet? — Amicus tuus eum habet. — Caseum tuum bonum habet. — Habetne eum? — Sane quidem, domine, habet.

10. DICTATA DECIMA.

Utrum tibi est (Estne tibi) bos rustici an (ille) coqui? — Non est mihi nec bos rustici nec coqui. — Habetne rusticus oryzam suam? — Habet. — Num tu eam habes? — Eam non habeo. — Habetne ejus puer scopas ministri? — Habet. — Quis stilum cerussatum pueri habet? — Nemo eum habet. — Utrum frater tuus baculum tenet meum an pictoris? — Tenet nec tuum nec pictoris; suum proprium tenet. — Utrum ei est pecunia bona an vilis? — Est ei neque bona neque vilis. — Utrum equum habet ligneum an plumbeum? — Nec ligneum nec plumbeum equum habet. — Quid ei boni est? — Est ei mel meum bonum. — Num vicini mei puer librum meum habet? — (Eum) non habet. — Quem librum habet? — Librum suum pulchrum habet. — Tenetne librum meum (Meumne librum tenet) an suummet? — Suum proprium tenet. — Quis orbiculum fibulatorium meum aureum tenet? — Nemo eum tenet. — Num quis tibiale meum linteum habet? — Nemo habet.

11. DICTATA UNDECIMA.

Quam navem habet mercator (Quæ navis mercatori est)? — Suam propriam habet. — Quem equum habet amicus meus? — Meum habet. — Ecquid ille canem suum habet? — Non habet. — Quis canem ejus tenet (Cui est canis ejus)? — Nemo eum tenet (Nemini est). — Quis umbraculum fratris mei habet? — Aliquis id tenet. — Quas scopas habet famulus? — Suas proprias habet. — Esuritne aliquis (Num quis esurit)? — Nemo esurit. — Num quis est somniculosus? — Nullus somniculosus est. — Estne aliquis fessus? — Non est quisquam fessus. — Quis recte loquitur? — Nemo recte (vere) loquitur. — Egone (Num ego) buccellatum ejus habeo? — Tu non habes. — An ego fratris illius boni taurum (bovem) habeo? — Non habes. — Quæ gallina mihi est (Quam gallinam habeo)? — Ejus habes. — Num quis errat (Erratne aliquis)? — Nemo errat.

12. DICTATA DUODECIMA.

Quod fœnum habet peregrinus? — (Fœnum) rustici habet. — Num nauta speculum meum habet? — Non habet. — Utrum tibi candela est hæcce an illa? — Est mihi hæcce. — Utrum fœnum tenes horti mei an tui? — Nec tui horti nec mei fœnum teneo, verum (illud) peregrini. — Quod digitabulum tibi est? — Est mihi digitabulum ejus (illius). — Quam sellam habet peregrinus? — Suam propriam habet. — Quis candelam meam bonam habet? — Hic homo eam habet. — Quis speculum illud habet? — Peregrinus (id habet). — Quid famulus tuus tenet? — Arborem hujus horti tenet. — Num librum illius hominis habet? — Non illius hominis, sed hujus pueri librum habet. — Quem bovem habet hicce rusticus? — Vicini tui bovem habet. — Utrum ego epistolam habeo tuam an ejus? — Tu neque meam neque ejus habes, verum amici tui. — Estne tibi fœnum hujus equi? — Non est mihi ejus fœnum, verum ejus solea ferrea. — Habetne frater tuus meam scidulam an suam? — Illam nautæ habet (Scidulam nautæ habet). — Utrum hic peregrinus digitabulum habet meum an suum? — Neque tuum neque suum proprium habet, sed amici sui. — Utrum esuris an sitis? — Ego neque esurio nec sitio, sed cupidus somni sum. — Utrum ille est somniculosus an esurit? — Neque somniculosus est neque esurit, sed fessus est. — Estne mihi culter bonus an nequam? — Non est tibi nec bonus nec nequam, verum turpis. — Quid mihi est? — Non est tibi quidquam boni, sed aliquid nequam (malum). — Quis asinum meum habet? — Rusticus eum habet.

13. DICTATA TERTIA DECIMA.

Num tibi est hortus, qui mihi est? — Non est mihi is, qui tibi est. — Quod speculum habes? — Habeo id, quod frater tuus habet. — Num ille habet librum, quem amicus tuus habet? — Non habet illum, quem amicus meus habet. — Quæ candela ei est? — Est ei candela vicini sui. — Ei est ea (illa), quæ mihi est. — Utrum arborem habet hanc an illam? — Habet neque hanc neque illam, sed eam, quam ego habeo. — Quem asinum habet homo? — Eum habet, quem puer ejus habet. — Utrum peregrinus sellam habet tuam an meam? — Nec tuam nec meam habet, bonam autem amici sui sellam habet. — Utrum habes digitabulum, quod ego habeo, an id (illud), quod sartor meus habet? — Non habeo neque id, quod tu habes, neque illud, quod sartor tuus habet; habeo autem meum proprium. — Utrum sutori tuo calceus est meus pulcher an ille pueri sui? — Non est ei nec tuus nec pueri sui, verum ille peregrini boni. — Quam domum habet pistor? — Nec tuam nec meam, sed illam fratris sui boni habet. — Quem currum habeo? — Utrum meum habeo an rustici? — Neque tuum habes neque rustici; eum habes, quem ego habeo. — Tenesne pilentum meum pulchrum? — Ego non teneo; sed Francogallus tenet. — Quid est Francogallo? — Non est ei quidquam (Nihil habet). — Quid tenet sutor? — Aliquid pulchri tenet. — Quid pulchri tenet? — Calceum suum pulchrum tenet. — Rectene loquitur sutor? — Non errat; vicinus autem hicce, pistor, vere loquitur. — Ecquid equus tuus esurit (Esuritne equus tuus)? — Non esurit, sed sitit. — Utrum fœnum habes asini mei an tuum? — Habeo idem, quod frater meus habet. — Habetne amicus tuus eundem equum, quem frater meus habet (Estne amico tuo idem equus, atque fratri meo *or* cum fratre meo)? — Non eundem equum, sed eandem togam habet. — Tenetne umbraculum meum? — Non tenet.

14. DICTATA QUARTA DECIMA.

Habesne mensas? — Ita est, domine, mensas habeo. — Num mensas meas habes? — Non vero, domine, mensas tuas non habeo. — Teneone orbiculos fibulatorios tuos? — Tenes meos orbiculos fibulatorios. — Suntne mihi domus tuæ formosæ? — Sunt tibi domus meæ formosæ. — Habetne sartor orbiculos fibulatorios? — Orbiculos fibulatorios non habet, verum fila. — Tenetne sartor tuus orbiculos fibulatorios meos? — Sartor meus orbiculos fibulatorios tuos aureos tenet. — Quid habet puer? — Fila aurea habet. — Utrum ei sunt fila mea aurea an argentea? — Non sunt ei neque aurea neque argentea tua fila. — Utrum domos pulchras an scidulas bonas habet Francogallus? — Nec domos pulchras, nec scidulas bonas habet. — Quid habet? — Amicos suos bonos habet. — Num hic homo umbracula mea pulchra habet? — Non umbracula tua pulchra, sed togas tuas bonas habet. — Num quis (Ecquis) epistolas meas bonas habet? — Nemo epistolas tuas bonas habet. — Tenetne filius sartoris cultros meos bonos an munimenta digiti mea bona? — Tenet nec cultros tuos bonos, nec munimenta digiti tua bona, verum togas peregrini turpes. — Num mihi sunt bonæ amici tui tæniæ? — Non sunt tibi bonæ amici mei tæniæ, verum bonum vicini mei pilentum. — Utrum amicus tuus bella sutoris bacula habet, an venustos sartoris mei boni canes? — Amicus meus pulchros sutoris mei boni libros habet; non autem habet nec bella sutoris bacula nec venustos sartoris tui boni canes. — Utrum vicinus tuus vere loquitur an errat? — Neque vere loquitur neque errat. — Utrum sitit an esurit? — Neque sitit neque esurit. — Estne fessus an somniculosus? — Somniculosus est. — Egone (Num ego) somniculosus sum? — Non es somniculosus. — Quid habeo? — Schedulas meas pulchras habes. — Sellas vicini mei habes. — Suntne tibi (Num tibi sunt) cultri amici mei? — Amici tui cultri mihi non sunt; verum canes vicini mei (Cultros amici tui non habeo; habeo autem canes vicini mei).

15. DICTATA QUINTA DECIMA.

Habesne equos hosce an illos? — Non hosce sed illos habeo. — Suntne tibi togæ Francogallorum an illæ Anglorum? — Non sunt mihi illæ Francogallorum, sed (verum) illæ Anglorum. — Utrum pulchras Turcarum habes oves an illas Hispanorum? — Nec Turcarum nec Hispanorum habeo, verum illos fratris mei. — Utrum frater tuus formosos Hispanorum asinos habet an illos Italorum? — Non habet neque Hispanorum neque illos Italorum; habet autem formosos Francogallorum asinos. — Qui boves fratri tuo sunt? — Sunt ei illi Germanorum. — Utrum amicus tuus epistolas meas longas habet an illas Germanorum? — Non habet neque unas neque alteras. — Quas epistolas habet? — Habet epistolas parvas, quas tu habes. — Utrum ego domos habeo hasce an illas? — Neque hasce neque illas habes. — Quas domos habeo (Quæ domus mihi sunt)? — Anglorum habes (Tibi sunt illæ Anglorum). — Tenetne aliquis (Num quis tenet) orbiculos fibulatotorios aureos sartoris? — Nemo tenet orbiculos fibulatorios aureos sartoris; tenet autem aliquis illos amici tui.

16. DICTATA SEXTA DECIMA.

Utrum ego schedulas peregrinorum an illas pueri mei habeo? — Non habes neque peregrinorum neque pueri tui, verum illas Turcarum magnorum. — Tenetne (Num tenet) Turca equum meum formosum? — Non tenet. — Quem equum tenet? — Suum proprium tenet. — Utrum vicinus tuus gallinam meam an ovem meam habet? — Vicinus meus neque gallinam tuam neque ovem tuam habet. — Quid habet? — Nihil boni habet. — Estne tibi nihil pulchri? — Non est mihi quidquam pulchri. — Num fessus es (Ecquid fessus es, *or* Fessusne es, *or* Esne fessus)? — Non fessus sum. — Quam oryzam habet amicus tuus? — Habet illam mercatoris sui. — Quod saccharum habet? — Habet id quod ego liabeo. — Utrum coffeam habet mercatoris tui bonam an illam mei? — Neque illam tui habet neque illam mei; suam propriam habet. — Quæ naves Francogallo sunt? — Sunt ei naves Anglorum. — Quas domos habet Hispanus? — Easdem habet, quas tu habes (Easdem habet tecum). — Tenetne cultros meos bonos? — Tenet cultros tuos bonos. — Habetne tibialia lintea, quæ ego habeo? — Non eadem, quæ tu habes, verum illa fratris sui habet. — Qui tibi libri sunt? — Sunt mihi illi Romanorum. — Esuriuntne homines illi (Ecquid, num *or* numquid homines illi esuriunt)? — Non esuriunt, sed sitiunt. — Nec fessi nec somniculosi sunt.

17. DICTATA SEPTIMA DECIMA.

Tenesne pectines meos bonos? — Teneo. — Habesne bonos Anglorum equos? — Eos non habeo. — Quas scopas habes?

— Illas peregrinorum habeo. — Utrum togas tenes meas an (illas) meorum amicorum ? — Neque tuas neque illas tuorum amicorum teneo. — Utrum habes meas an ejus (illius) ? — Ejus habeo. — Ecquid Italus caseos habet eos, quos tu habes ? — Non habet eos quos ego habeo, sed eos quos tu habes. — Tenetne puer tuus stilos cerussatos meos bonos ? — Tenet. — Num ei sunt clavi fabri tignarii ? — Non sunt. — Quid est ei (Quid habet) ? — Sunt ei clavi sui ferrei (Clavos suos ferreos habet). — Num quis sartoris digiti munimenta habet ? — Nemo ea habet. — Quis Hispanorum naves habet ? — Angli eas habent. — Tenentne Angli has naves an illas ? — Suas proprias naves tenent Angli. — Utrum fratres mei cultros habent meos an suos ? — Fratres mei nec tuos nec suos cultros habent. — Utrum mihi sunt gallinae tuae an (illae) coqui tui ? — Neque meae neque illae coqui tui tibi sunt. — Quas gallinas habeo ? — Rustici boni gallinas habes. — Quis boves meos habet ? — Ministri tui eos habent. — Num Germani eos habent ? — Germani eos non habent, verum Turcae (eos habent). — Quis habet mensam meam ligneam ? — Pueri tui eam habent. — Cui est panis meus bonus ? — Amicis tuis est. — Tenentne Itali illi epistolas meas bonas ? — Tenent non epistolas tuas bonas, sed libros tuos bonos. — Utrum esuriunt an sitiunt ? — Neque esuriunt neque sitiunt, sed cupidi somni sunt. — Verene loquuntur (Loquunturne vere) an errant ? — Errant. — Neque vere loquuntur neque errant. — Utrum cultros habent tuos an (illos) Anglorum ? — Neque meos neque illos Anglorum habent. — Utrum mihi sunt specula ejus an illa coqui sui ? — Non tibi sunt neque altera neque illa (neque haec neque illa).

18. DICTATA DUODEVICESIMA.

Habesne saccharum (aliquantum sacchari) ? — (Aliquantulum) habeo. — Estne tibi aliquantum bonae coffeae ? — Est mihi aliquantulum. — Habeone aliquantulum salis ? — Habes aliquantulum. — Suntne mihi aliqui calcei ? — Sunt tibi aliqui. — Habeone canes aliquot bellos ? — Nonnullos habes. — Estne homini aliquantum mellis ? — Est ei aliquantulum. — Quid habet homo ? — Panem bonum habet (Est ei aliquantum panis boni). — Quid est sutori (Quid habet sutor) ? — Sunt ei aliqui calcei boni. — Habetne nauta buccellata ? — Habet vero nonnulla. — Ecquid amicus tuus aliquot stilos cerussatos bonos habet ? — Habet nonnullos. — Utrum tibi est coffea bona an vilis? — Est mihi bona. — Utrum lignum habes bonum an nequam? — Bonum habeo. — Suntne mihi boves boni an nequam? — Sunt mihi aliquot nequam. — Ecqui est fratri tuo caseus bonus an vilis? — Non est ei nec bonus nec malus. — Quid boni habet? — Aliquot bonos amicos habet. — Quis pannum habet? — Vicinus meus aliquantulum habet. — Quis pecuniam habet? — Francogalli ejus aliquantum habent. — Cui est aurum? — Anglis est aliquantulum. — Quis equos aliquot bonos habet? — Germani nonnullos habent. — Cui est fœnum bonum? — Asino huic aliquantum est. — Quis panem bonum habet? — Hispanus nonnullum habet. — Cui sunt aliqui libri boni? — Francogallis nonnulli sunt. — Quis naves aliquas bonas habet? — Angli habent aliquos. — Num quis aliquod vinum habet? — Nemo ullum habet. — Suntne Italo equi formosi an turpes? — Sunt ei aliquot turpes. — Utrum tibi sunt mensæ ligneæ an lapideæ? — Non sunt mihi nec ligneæ nec lapideæ. — Num puer tuus libros pulchros mei habet? — Non illos pueri tui, sed suos proprios habet. — Suntne ei tibialia aliqua lintea? — (Ecquæ ei sunt tibialia lintea)? — Sunt ei nonnulla. — Quid habet Turca? — Nihil quidquam habet. — Quiddam mali habet. — Quis aliquid boni habet? — Peregrinus quidam aliquid boni habet. — Eccui est fœnum (Habetne aliquis fœnum)? — Agricolæ quidam fœnum et frumentum habent.

19. DICTATA UNDEVICESIMA.

Habetne Americanus pecuniam bonam? — Habet ejus aliquantulum. — Habentne Batavi caseum bonum? — Etiam, domine, habent Batavi nonnullum. — Estne Russo nihil casei? — Non est ei quidquam. — Suntne tibi tibialia bona? — Sunt mihi nonnulla. — Utrum tibi mel est bonum an vile? — Est mihi bonum. — Numquæ tibi est coffea bona (Habesne coffeam bonam)? — Non est mihi ulla (Nullam habeo). — Habesne coffeam nequam? — Nonnullam habeo. — Numquid Hiberno vini boni est (Ecquid Hibernus vinum bonum habet). — Non est ei ullum (Nullum habet). — Habetne aquam bonam? — Habet vero aliquantulum. — Numquid sal bonum habet Scotus? — Nullum habet. — Quid habet Batavus? — Naves bonas habet. — Numqui panis mihi est (Numquid panis habeo)? — Non est (Nullum habes). — Habeone amicos aliquot bonos? — Nullos habes. — Cui sunt amici boni?

— Francogallo nonnulli sunt (Francogallus aliquos habet). — Habetne famulus tuus aliquot togas vel scopas? — Habet vero aliquot bonas scopas, nullas autem togas. — Habetne aliquis fœnum? — Habet aliquis nonnullum. — Quis nonnullum habet? — Famulus nonnullum habet. — Numquid est homini huicce panis? — Nihil est. — Quis calceos bonos habet? — Sutor meus bonus nonnullos habet. — Utrum Russorum pileos bonos habes, an Batavorum? — Non habeo nec Russorum nec Batavorum; illos Hibernorum habeo. — Quos saccos habet amicus tuus? — Saccos mercatorum bonos habet. — Tenetne puer tuus bonos fabrum (= fabrorum) tegnariorum malleos? — Non vero, domine, eos non tenet. — Ecquid puero huicce parvulo sacchari est? — Non est. — Habetne frater amici tui pectines bonos? — Amici mei frater nullos habet; ego autem aliquos habeo. — Quis habet sellas bonas ligneas? — Nemo ullas habet.

20. DICTATA VICESIMA.

Habesne unam epistolam? — Unam epistolam et unum librum habeo. — Habetne famulus tuus unas scopas? — Senas scopas et quinque gallinas habet. — Suntne amico tuo aliquæ ædes? — Sunt ei denæ ædes et quinque hortuli. — Quid est adolescentulo? — Sunt ei mille libri (librorum) et duo (or bina) milia scidularum. — Quis habet mensam unam pulchram rotundam? — Opifex pileorum unam habet. — Sartoris nostri amicus decem mensas rotundas et viginti sellas habet. — Estne tibi famulus bonus? — Est mihi unus. — Habetne opifex tuus pileorum domum unam pulchram? — Duas habet. — Habeone tæniam auream bellam? — Unam habes. — Quid est fabro scriniario? — Sunt ei mensæ pulchræ. — Estne ei mensa una pulchra rotunda? — Est ei una. — Habetne pistor speculum unum magnum? — Habet (unum). — Num Scotus habet amicos, quos ego habeo? — Non habet eosdem, quos tu habes, verum tamen bonos amicos habet. — Tenetne libros tuos bonos? — Tenet. — Num ego malleos eorum bonos habeo? — Eos non habes, sed clavos ferreos tuos bonos habes. — Habetne opifex pileorum pileum meum bonum? — Non tuum, sed suum habet (Non habet tuum, verum suum). — Habeone calceos meos bonos? — Non tuos habes, ejus habes (verum ejus). — Quis meos habet? — Nonnemo (or aliquis) eos habet. — Suntne alicui duæ epistolæ (binæ litteræ)? — Fratri vicini nostri tres sunt. — Habetne coquus tuus duas oves? — Quattuor habet. — Suntne ei sex bonæ gallinæ? — Sunt ei tres bonæ et septem nequam. — Estne mercatori vinum bonum? — Est ei nonnullum. — Habetne sartor togas bonas? — Nullas habet. — Habetne pistor panem bonum? — Habet vero aliquantulum. — Quid est fabro tignario? — Sunt ei clavi boni. — Quid est mercatori tuo? — Sunt ei boni stili cerussati, bona coffea, bonum mel, et bona buccellata. — Quis ferrum bonum habet? — Amicus meus bonus nonnullum habet. — Loquorne recte an erro? — Erras. — Ecquis cupidus somni est? — Sutor et cupidus somni est et sitit. — Num fessus est? — Non est fessus. — Tenetne famulus tuus vasa vitrea amicorum nostrorum? — Non tenet illa amicorum vestrorum, verum illa mercatorum magnorum. — Habetne sellam meam ligneam? — Non tuam, sed pueri sui habet. — Sitisne (Num sitis)? — Non sitio, verum vehementer esurio.

21. DICTATA UNA ET VICESIMA.

Quam multi (or quot) amici tibi sunt? — Sunt mihi duo amici boni. — Habesne octo riscos bonos? — Immo * novem habeo. — Habetne amicus tuus denas scopas bonas? — Non habet nisi trinas (Trinas tantum habet). — Habetne duas bonas naves? — Immo unam tantum habet (Non habet nisi unam). — Quot malleos habet faber tignarius? — Quattuor tantum (duntaxat) habet. — Quot calcei sutori sunt? — (Sunt ei) decem. — Num juveni decem boni libri sunt? — Non sunt ei nisi quinque. — Habetne pictor septem umbracula bona? — Non septem habet, verum unum. — Quam multos embolos habeo? — Tres tantum habes (Non habes nisi tres). — Num vicinus noster panem nostrum bonum habet? — Non habet nostrum, verum fratris sui habet. — Habetne equus noster aliquid fœni? — Habet vero aliquantulum. — Suntne sartoris nostri amico orbiculi fibulatorii boni? — Sunt ei nonnulli. — Habetne orbiculos fibulatorios aureos? — Non habet aureos, verum argenteos. — Quam multos (quot) boves habet frater noster? — Non ullos boves habet. — Quot togas habet juvenis vicinorum nostrorum? — Vicinorum nostrorum juvenis non habet nisi unam togam, sed ille amici tui tres habet. — Habetne verveces nostros bonos? — Habet. — Habeone ejus? — Non ejus habes, verum nostros. — Quot mihi sunt verveces boni? — Sunt tibi novem.

* On this use of *immo*, see Grammar, page 546, Rem. 2.

22. DICTATA ALTERA ET VICESIMA.

Cui sunt candelabra nostra argentea? — Mercatoris nostri puero sunt. — Habetne aves nostras magnas? — Non nostras, verum illas Hiberni magni habet. — Utrum Italo sunt oculi magni an pedes magni? — Sunt ei et oculi et pedes magni. — Quis tibialia lintea magna habet? — Hispanus nonnulla habet. — Habetne caseum? — Nullum habet. — Estne ei frumentum? — Est ei aliquantulum. — Quale frumentum habet? — Bonum frumentum habet. — Qualem oryzam habet coquus noster? — Bonam oryzam habet. — Quales mercatori nostro stili cerussati sunt? — Sunt ei boni stili cerussati. — Habetne pistor noster panem bonum? — Panem et vinum bonum habet. — Quis caseum bonum habet? — Vicinus noster nonnullum habet. — Tenetne sartoris nostri amicus pannum? — Tenet vero nonnullum. — Nullum tenet. — Quid habet? — Togas nostras nequam (viles) tenet. — Quis esurit? — Nemo esurit; sed amicus vicini nostri somniculosus est. — Quis cultros nostros ferreos tenet? — Scotus eos tenet. — Tenetne eos? — Tenet eos. — Quales amici tibi sunt? — Sunt mihi amici boni. — Ecquid amicus Anglorum nostrorum recte loquitur? — Neque recte loquitur neque errat. — Suntne ei aves pusillæ bonæ atque oves pusillæ bonæ? — Non sunt ei neque aves neque oves. — Quid habet Italus? — Nihil habet. — Habetne sartoris nostri puer aliquid pulchri? — Nihil pulchri habet, verum aliquid turpe. — Quid turpe habet? — Turpem canem habet. — Estne ei equus aliquis turpis? — Non est ei quisquam equus. — Quid habet amicus noster juvenis? — Nihil habet. — Estne ei liber aliquis bonus? — Est ei unus. — Habetne sal? — Non (nullum) habet. — Quot sumus? — Quinquaginta sumus. — Quot eorum sunt? — Mille eorum sunt. — Quot estis? — Viginti quinque sumus. — Quales pectines habes? — Pectines bonos habeo.

23. DICTATA VICESIMA TERTIA.

Estne tibi multum coffeæ? — Non est mihi nisi paulum. — Habetne amicus tuus multum aquæ? — Permultum habet. — Num peregrino est multum frumenti? — Non est ei permultum. — Quid habet Americanus? — Multum sacchari habet. — Quid est Russo? — Est ei multum salis. — Habemusne multum oryzæ? — Paulum tantum habemus (Non habemus nisi paulum). — Quid nobis est? — Nobis est multum vini, multum aquæ, atque multi amici. — Multumne auri habemus? — Paulum tantum, sed tamen satis habemus. — Suntne tibi multi pueri? — Non sunt nobis nisi pauci (Paucos tantum habemus). — Habetne vicinus noster multum fœni? — Immo satis habet. — Habetne Batavus multum casei? — Permultum habet. — Numquid homo hicce animum (fortitudinem) habet? — Nullum habet. — Estne peregrino illo pecunia? — Non est ei multum, sed tamen satis. — Habetne pictoris puer candelas? — Habet vero nonnullas. — Ecquid nos epistolas bonas habemus? — Habemus nonnullas. — Nullas habemus. — Habetne faber scriniarius panem bonum? — Habet vero aliquantulum. — Non (nullum) habet. — An mel bonum habet? — Non (nullum) habet. — Estne Anglo (unus) bonus equus? — Est ei unus. — Quid est nobis? — Nobis sunt equi boni. — Quis domum unam pulchram habet? — Germanus unam habet. — Habetne Italus multa bella specula? — Permulta habet; frumenti autem non nisi pauxillum habet. — Num vicinus meus bonus equum habet eundem, quem tu habes? — Non eundem equum, sed eundem currum habet. — Habetne Turca easdem naves, quas nos habemus? — Non habet easdem; illas Russorum (*or* naves Russorum) habet.

24. DICTATA VICESIMA QUARTA.

Quot famulos habemus? — Unum tantum nos habemus, frater autem noster tres habet. — Quos cultros habetis? — Cultros ferreos habemus. — Quem saccum habet homo agrestis (rusticus)? — Saccum linteum habet. — Tenetne juvenis epistolas nostras longas? — Eas non habet. — Quis scidulas nostras bellas habet? — Pater nautæ eas habet. — Habetne faber tignarius clavos suos? — Faber tignarius clavos suos ferreos, et opifex pileorum pileos suos chartaceos habet. — Habetne pictor hortulos pulchros? — Habet vero nonnullos, frater ejus autem nullos habet. — Suntne vobis multa vasa vitrea? — Nobis non sunt nisi pauca. — Habetisne satis vini? — Habemus vero ejus satis. — Numquis scopas meas habet? — Nemo eas habet. — Utrum amicus opificis tui pileorum pectines habet nostros an vestros? — Non habet nec vestros nec nostros; suos habet. — Utrum puer tuus schedulam habet meam an tuam? — Immo fratris sui habet. — Tenesne baculum meum? — Non tuum, sed mercatoris habeo. — Num digitabula mea habes? — Non tua, sed (illa) vicini mei boni habeo.

25. DICTATA VICESIMA QUINTA.

Tenetne servulus tuus scopas meas? — (Eas) non tenet. — Quis chartulam meam habet? — Filiolus vicini nostri eam habet. — Numquis filiolæ meæ libellum habet? — Libellum filiolæ tuæ nemo habet; habet autem curriculum ejus aliquis. — Quid est puerculo? — Est ei opusculum amici sui. — Habesne aliquas domunculas? — Habeo vero decem domunculas et sex equuleos. — Quis bacillum meum tenet? — Fraterculus tuus (id) tenet. — Estne aliquis cupidus somni? — Filiola sartoris cupida somni est. — Quid homunculus ille habet? — Hortulos suos atque cultellos suos habet. — Num ille Romanus est (Estne Romanus)? — Non, domine, non Romanus, verum Arabs est. — Esne tu Celta (Tune Celta es)? — Non Celta, sed Germanus sum. — Quot infantulo illi oculi sunt? — (Sunt ei) duo. — Quot pileolos habes? — Unum tantum habeo. — Quis recte loquitur? — Filiolus meus recte loquitur. — Erratne aliquis? — Errat vero adolescentulus.

26. DICTATA VICESIMA SEXTA.

Suntne tibi aliquot libri? — Sunt mihi nonnulli. — Quot tibi veryeces sunt? — Mihi non sunt nisi pauci (Paucos tantum habeo). — Ecquid pictoris magni amicus multa specula habet? — Non habet nisi pauca (Pauca tantum habet). — Habesne aliquot florenos? — Habeo vero aliquot. — Quot florenos habes? — Decem habeo. — Quot kreutzeros famulus tuus habet? — Non multos habet, duos tantum habet. — Num homines illi pulchra Italorum vasa vitrea habent? — Homines illi ea non habent, nos autem ea habemus. — Quid habemus (nobis est)? — Multum pecuniæ (pecuniam grandem) habemus (Nobis est multum pecuniæ). — Utrum tibi est pilentum Batavi an Germani? — Non est mihi neque alterum neque illud (alterum). — Utrum puer rustici epistolam habet pulchram an turpem? — Neque alteram neque illam (alteram) habet. — Utrum ei sunt digitabula mercatoris an illa fratris sui? — Non sunt ei neque altera neque illa (altera). — Quæ digitabula ei sunt? — Sunt ei sua propria. — Utrum equos habemus Anglorum an (illos) Germanorum? — Neque alteros neque illos habemus. — Num umbracula Hispanorum habemus? — Non habemus; Americani ea habent. — Estne tibi multum piperis? — Non est mihi multum, verum tamen satis. — Habesne multum aceti? — Non habeo nisi pauxillum (paulum). — Tenentne Russi multum carnis? — Permultum tenent Russi; sed Turcæ non tenent nisi pauxillum (paulum). — Non aliud piper habes (Nihilne alius piperis habes)? — Non aliud habeo. — Non est mihi alia cerevisia? — Non est tibi alia. — Habemusne amicos bonos alios nullos? — Alios nullos habemus. — Multane indusia nautæ sunt (Suntne nautæ multa indusia)? — Non sunt ei multa; non sunt ei nisi duo. — Num tibi est crus ligneum? — Mihi non est crus ligneum, sed (verum) cor bonum. — Estne viro isti ingenium bonum? — Est ei et ingenium bonum et * cor bonum. — Quot brachia habet puer ille? — Unum tantum habet; alterum e ligno est. — Qualis est puero tuo indoles? — Est ei bona indoles.

27. DICTATA VICESIMA SEPTIMA.

Quotum volumen habes? — Primum habeo. — Tenesne alterum operis mei volumen? — Teneo. — Utrum tibi liber est primus an secundus? — Non est mihi neque alter neque ille. — Utrum volumen habemus quintum an sextum? — Neque alterum neque illum habemus. — Quotum volumen habemus? — Septimum habemus. — Quotus dies mensis est? — Octavus est. — Nonne undecimus est? — Non vero, domine, decimus est. — Habentne Hispani multos thaleros? — Non habent Hispani nisi paucos, Angli autem permultos habent. — Quis thaleros nostros habet? — Francogalli eos habent. — Estne adolescentulo multum ingenii? — Non est ei multum ingenii, sed multum fortitudinis (animi). — Quot brachia habet homo? — Duo habet. — Quot indusia ei sunt? — Duo tantum ei sunt (Non sunt ei nisi duo). — Sunt ei sex bona et decem nequam.

28. DICTATA DUODETRICESIMA.

Utrum thaleros tenes Francogallorum an (illos) Anglorum? — Ego neque Francogallorum neque Anglorum, sed illos

---

* On *et . . . et*, see Grammar, page 634, C.

Americanorum habeo. — Suntne Germano aliquot kreutzeri?
— Sunt ei aliquot. — Suntne ei aliquot thaleri? — Sunt ei
sex. — Habesne aliud baculum? — Aliud habeo. — Quod
aliud baculum habes? — Aliud baculum ferreum habeo. —
Suntne vobis candelabra aliquot aurea? — Sunt nobis aliquot. — Num viris istis acetum est? — Viris istis nihil est;
sed amicis eorum nonnullum est. — Habentne pueri nostri
candelas? — Pueri nostri nullas habent, sed (verum) amici
puerorum nostrorum aliquas (aliquot *or* nonnullas) habent. —
Num aliquot alios saccos habes? — Alios nullos habeo. — An
caseos alios habes? — Habeo vero alios nonnullos. — Estne
tibi alia caro? — Non est mihi alia. — Num amico tuo alii
libri multi sunt? — Non sunt ei alii nisi perpauci (Alii ei
non nisi perpauci sunt). — Quot schillingos habet puer ille?
— Quinque tantum habet (Non habet nisi quinque). — Estne tibi alter equus? — Non est. — Tenentne ceteros libros? —
Tenent. — Tenesne reliqua (Num cetera tibi sunt)? — Non
teneo (Non sunt). — Quota hora est? — Hora duodecima est.
— Non (hora) quinta est? — Minime, domine, quarta tantum
est (Non est nisi quarta).

29. DICTATA UNDETRICESIMA.

Quotum ejus operis tomum habes? — Alterum habeo. —
Quot tomos opus ejus habet? — Tres habet. — Utrum opus
habes meum an fratris mei? — Ambo (utrumque) habeo. —
Utrum peregrinus habet pectines (meos) an cultros meos? —
Ambos (utrosque) habet. — Utrum tibi est panis (noster) an
caseus noster? — Sunt mihi ambo (Est mihi uterque). —
Utrum scyphum tenes meum an amici mei? — Non teneo neque
unum neque alterum (Neutrum teneo). — Estne nobis adhuc
fœnum (Estne nobis fœnum reliquum)? — Est nobis adhuc
aliquantulum (Est nobis nonnullum reliquum). — Estne mercatori nostro adhuc (etiamnum) piper? — Est ei adhuc aliquantum. — Habetne aliquot candelas reliquas? — Habet vero nonnullas reliquas. — Numquid vobis adhuc est coffeæ? — Nihil
coffeæ nobis reliquum est; reliquum autem habemus aliquantum
aceti. — Habetne Germanus etiamnum aquam (reliquam)? —
Nihil aquæ reliquum habet; reliquum autem habet aliquantum carnis. — Num nobis adhuc sunt tæniæ aureæ? — Tæniæ
aureæ nobis nullæ reliquæ sunt; reliquæ autem nobis sunt
argenteæ. — Habetne amicus noster saccharum reliquum? —

Non est ei reliquum. — Numquid mihi est adhuc cerevisiæ?
— Nihil tibi ejus reliquum est. — Num juvenis tuus adhuc
habet aliquos amicos? — Nullos reliquos habet.

30. DICTATA TRICESIMA.

Habetne frater adhuc unum equum (Estne fratri tuo unus
equus reliquus)? — Habet vero adhuc (etiamnum) unum
(Est ei unus reliquus). — Estne rustico unus bos reliquus? —
Est ei unus reliquus. — Habetisne aliquot hortulos reliquos?
— Habemus aliquot reliquos. — Quid est vobis reliquum? —
Reliquæ sunt nobis aliquot bonæ naves, et aliquot boni nautæ. — Habetne frater noster aliquot amicos reliquos? — Habet nonnullos reliquos. — Estne tibi animus reliquus? — Non
est mihi reliquus. — Estne tibi multum pecuniæ reliquum? —
Est mihi multum reliquum; sed fratri meo reliquum est nihil.
— Estne ei sat (satis) salis? — Non est ei satis. — Num nos
satis orbiculorum fibulatorium habemus? — Non satis habemus. — Uter vestrum aliquid pecuniæ reliquum habet? —
Neuter nostrum quidquam habet reliquum. — Alteruter nostrum permultum ejus reliquum habet. — Utrum nauta baculum meum, an saccum meum habet? — Neutrum habet. —
Utrum tenes pileum meum an togam meam? — Ambos
(utrumque) teneo. — Quis vestrum chartam meam habet? —
Ego eam non teneo. — Estne juveni aliquid reliquum? — Non
est ei quidquam reliquum (Nihil amplius habet). — Num candelas multas reliquas habes? — Non multas reliquas habeo.

31. DICTATA UNA ET TRICESIMA.

Estne tibi (una) toga? — Immo mihi complures sunt. —
Habetne (unum) speculum? — Plures habet. — Qualia habet
specula? — Pulchra specula habet. — Quis placentas meas
bonas habet? — Plures homines eas habent. — Estne fratri
tuus filius? — Sunt ei complures. — Estne tibi tantum coffeæ,
quantum mellis? — Est mihi tantum alterius, quantum alterius (quantum de altero, tantum de alterā *or* illā). — Habetne tantum theæ, quantum cervisiæ? — Habet vero tantum de
alterā *or* unā, quantum de alterā. — Habetne homo iste tam
multos amicos quam hostes? — Tam multos alterorum, quam

multos alterorum (de alteris, quam de illis) habet. — Suntne amici tui filio tot togæ quot indusia? — Sunt ei quot alterorum, tot alterarum (illarum). — Habemusne tam multas caligas quot calceos? — Habemus vero quot alterorum, tot alterarum (illarum). — Plures habemus alterarum quam alterorum (de alteris *or* unis, quam de alteris). — Estne nobis minus (Minusne nobis est) fœni quam illi? — Tantundem est nobis, quantum illi.

32. DICTATA ALTERA ET TRICESIMA.

Habetne pater tuus tantum auri, quantum argenti? — Plus hujus quam illius habet. — Estne ei tantum theæ, quantum coffeæ? — Est ei plus de hoc quam de illo. — Habetne navarchus tot nautas quot naves? — Plures ex unis quam ex alteris habet. — Habesne tot verveces quot ego habeo? — Totidem habeo. — Estne peregrino tantum animi, quam nobis? — Est ei tantundem. — Estne nobis tantum chartæ bonæ, quantum vilis? — Est nobis tantundem (tantum) alterius quantum illius. — Habemusne tantum casei quam panis? — Plus habemus hujus quam illius (de hocce quam de illo). — Habetne filius tuus tot placentas, quot libros? — Plures horumce quam illarum habet; plures ex alteris quam ex alteris habet. — Quot (Quam multos) libros habet? — Plus quinque (quina) milia habet. — Habetne plus viginti naves? — Minus viginti habet; non habet nisi quindecim (quindecim tantum) habet. — Num puerculus iste plus decem digitos habet? — Non plus decem habet.

33. DICTATA TRICESIMA TERTIA.

Quot liberos habes? — Unum tantum habeo, sed frater meus plures habet, quam ego; is quinque habet. — Habetne filius tuus tantum ingenii, quantum meus (habet)? — Minus ingenii quam tuus habet, sed plus fortitudinis (animi). — Liberi mei plus animi habent quam tui. — Estne mihi tantum pecuniæ quantum tibi est? — Immo tibi minus est. — Suntne tibi tot libri quot mihi (sunt)? — Immo mihi pauciores sunt. — Habeone tam multos inimicos quot pater tuus (habet)? — Pauciores quam ille habes. — Habetne Americani plures liberos (plus liberorum) quam nos? — Pauciores quam nos habent. — Num nobis tot naves quot Anglis sunt? — Pauciores nobis sunt. — Habemusne pauciores cultros (minus cultrorum), quam liberi nostrorum amicorum? — Pauciores habemus quam illi. — Quot habent? — Plus octaginta habent. — Quot habemus nos? — Minus duodecim habemus.

34. DICTATA TRICESIMA QUARTA.

Quis pauciores amicos habet, quam nos (habemus)? — Nemo pauciores habet. — Tenesne tantum meæ theæ, quantum (quam) tuæ? — Tantum tuæ quantum (quam) meæ habeo. — Suntne mihi tot tuorum librorum quot meorum? — Pauciores meorum habes, quam tuorum. — Habetne Hispanus tantum vestræ pecuniæ quantum suæ? — Minus suæ propriæ habet quam nostræ. — Estne pistori tuæ minus panis quam pecuniæ? — Minus hujusce quam illius habet. — Suntne mercatori nostro pauciores canes quam equi? — Sunt ei pauciores horum quam illorum; pauciores ex unis quam ex alteris. — Sunt ei pauciores equi (equorum) quam nobis, et nobis est minus panis quam ei. — Habentne vicini nostri tot curros quot nos habemus? — Nos pauciores habemus. — Nos minus frumenti et minus carnis quam illi habemus. — Nos paulum tantum frumenti, sed sat (satis) carnis habemus. — Quot domus tibi sunt? — Sunt mihi plus triginta. — Quot equos (equorum) frater amici nostri habet? — Plus centum equos (equorum) et minus quinquaginta libros (librorum) habet. — Quantum pecuniæ habemus? — Nos minus decem schillingos habemus. — Num juvenis pauciora habet specula, quam nos (habemus)? — Immo plura (plus) habet, quam vos; plus mille habet.

35. DICTATA TRICESIMA QUINTA.

Amatne te frater tuus? — Vero, me amat. — Amasne tu eum? — Eum amo. — Amatne eum pater tuus? — Eum non amat. — Amasne me, fili mi bone? — Te amo. — Num hominem istum turpem amas? — Eum non amo. — Aperitne famulus fenestram? — Aperit (Vero, eam aperit). — Aperisne tu eam (Tune eam aperis)? — (Eam) non aperio. — Ecquid (Num) librum aperit? — (Eum) non aperit. — Disponisne libros meos? — Dispono. — Disponitne famulus caligas et calceos nostros? — Disponit vero et alteros et illas (Disponit vero ambo). — Amantne nos liberi nostri? — Nos amant. — Num nos inimicos nostros amamus? — Eos non amamus. — Quid mihi das? — Non do tibi quidquam (Tibi nihil do). — Ecquid fratri meo librum das? — Do vero. — Dasne ei unum pileum? — Do ei unum aliquem. — Quid ei das? — Ego ei aliquid (quiddam) pulchri do. — Quid tibi dat? — Mihi nihil dat (Non dat mihi quidquam).

36. DICTATA TRICESIMA SEXTA.

Lavatne nauta tibialia sua? — Lavat. — Lavasne tu manus tuas? — Vero, eas lavo. — Lavatne frater tuus tot indusia quot tibialia? — Plura illorum quam horum (de unis quam de alteris) lavat. — Num tu indusia tua lavas? — Ea non lavo. — Utrum fratres tui tibialia lavant sua an nostra? — Nec tua nec sua propria lavant; lavant illa suorum liberorum. — Quid portat famulus tuus? — Mensam magnam portat. — Quid portant homines isti? — Sellas suas ligneas portant. — Quos libros portat juvenis? — Libros bonos portat. — Num eos legit (Legitne eos)? — Eos non legit. — Quid legis? — Nihil lego. — Quid dicunt homines? — Dicunt aliquid boni. — Quid dicis? — Non dico quidquam. — Quid agis (facis? — Nihil ago (facio). — Quid agunt (faciunt) pueri? — Aliquid mali (nequam) agunt (faciunt). — Libros bonos legunt. — Utrum hi homines (viri) esuriunt an sitiunt? — Neque esuriunt neque sitiunt.

37. DICTATA TRICESIMA SEPTIMA.

Audisne aliquid (Numquid audis)? — Nihil audio. — Auditne pater tuus aliquid? — Nihil neque audit neque videt. — Videsne aliquid (Numquid vides)? — Nihil quidquam video. — Videsne hortum meum magnum? — Video. — Videtne pater tuus navem nostram? — Non videt; sed nos videmus. — Quot naves vides? — Permultas videmus; videmus plus triginta. — Dasne mihi libros? — Do tibi aliquot. — Datne vobis pater vester pecuniam? — Nobis non dat. — Videtisne multos nautas? — Immo plures (plus) militum quam nautarum videmus. — Videntne milites multas cellas penarias? — Plures hortos (plus hortorum) quam cellas penarias vident. — Dantne vobis Angli placentas bonas (panificia bona)? — Dant

nobis nonnullas. — Dasne mihi tantum vini quantum cervisiæ?
— Do tibi tantum ex altero quantum ex alterā. — Dasne mihi
panificia aliquot amplius? — Non do tibi ulla amplius. — Num
mihi das equum, quem habes? — Non do tibi eum (illum),
quem habeo. — Quem equum mihi das? — Tibi do (illum)
fratris mei. — Egesne pecuniā tuā? — Egeo. — Indigetne
pater tuus famuli sui? — Indiget ejus. — Egesne aliquā re?
— Nihil (nullā re) egeo. — Indigemusne pilento nostro? —
Indigemus. — Egentne amici nostri vestibus suis? — Egent.

38. DICTATA DUODEQUADRAGESIMA.

Esne studiosus legendi? — Sum vero studiosus legendi. —
Num fratres tui studiosi sunt legendi? — Non sunt studiosi
legendi. — Quis legendi studiosus est? — Mercatores legendi
studiosi sunt. — Venitne videndi causā (gratiā)? — Venit
vero videndi causā. — Veniunt audiendi gratiā. — Estne vinum utile bibendo? — Utile est. — Non est utile bibendo. —
Esne tu solvendo? — Solvendo sum. — Non sum solvendo. —
Estne locus facilis ad capiendum? — Immo difficilis ad capiendum est. — Legisne inter ludendum? — Non lego inter ludendum. — Quā re hominis mens alitur? — Alitur discendo et
cogitando. — Consumitne otium suum (in) legendo? — Immo
vero, domine, (id in) ludendo consumit. — Legitne discendi
gratiā? — Immo scribendi causā legit.

39. DICTATA UNDEQUADRAGESIMA.

Estne tibi legendum? — Non est mihi legendum. — Estne
mihi dormiendum? — Est mihi dormiendum. — Estne fratri
tuo eundum? — Est ei eundum. — Cui eundum est? — Iis
eundum est. — Audendumne est? — Audendum est. — Non
audendum est. — Quid est faciendum? — Suo cuique judicio
utendum est. — Alisne tu canes ad venandum? — Non alo. —
Estne tibi epistola scribenda (Scribendane est tibi epistola)?
— Est mihi una scribenda. — Suntne mihi epistolæ scribendæ? — Sunt tibi nonnullæ scribendæ. — Cui sunt multæ epistolæ scribendæ? — Mercatori sunt multæ scribendæ. — Mihi
non sunt ullæ scribendæ. — Cui est diligentia adhibenda? —
Adhibenda et colenda est nobis omnibus.

40. DICTATA QUADRAGESIMA.

Estne tibi consilium epistolæ scribendæ? — Est mihi consilium plurium scribendarum. — Estne patri tuo consilium epistolarum scribendarum? — Est ei consilium et epistolarum et schedularum scribendarum. — Adestne tempus abeundi? — Abeundi tempus nondum adest. — Estne tempus loquendi? — Est vero tempus loquendi. — Esne tu occupatus (Occupatusne es) in litteris scribendis? — Ego non in litteris, sed in schedulis scribendis occupatus sum. — Studiosusne est filius tuus epistolarum scribendarum? — Non scribendarum, sed legendarum studiosus est. — Estne charta utilis scribendo? — Est. — Estne tibi copia (facultas) loquendi? — Est mihi copia loquendi (dicendi). — Cui est copia legendi? — Filio tuo copia est legendi et scribendi. — Quis venit videndi causā? — Ego videndi gratiā venio. — Quis ad naves comparandas missus est? — Missus est navarchus. — Estne tibi studium illud efficiendi? — Est. — Quid est nobis faciendum? — Suum cuique (nobis) tribuendum est.

41. DICTATA UNA ET QUADRAGESIMA.

Estne tibi adhuc (etiamnunc) voluntas amici mei domus emendæ (Cupisne etiamnum domum amici mei emere)? — Est mihi adhuc voluntas; sed non habeo pecuniam (pecuniā careo). — Estne tibi spatium ad laborandum? — Est mihi spatium; deest autem voluntas laborandi. — Estne ei otium ad bacula secanda? — Est ei otium ad aliquot secanda. — Cupisne panem (aliquantulum panis) secare? — Cupio nonnullum secare, sed cultro careo (deest mihi culter). — Estne tibi tempus (spatium) ad caseum secandum? — Est mihi spatium ad aliquantulum secandum. — Cupitne ille arborem (illam) secare? — Cupit vero eam secare, caret autem otio. — Estne ei spatium ad pannum secandum? — Est ei spatium ad nonnullum secandum. — Estne mihi (Mihine est) otium ad arbores secandas? — Est mihi otium ad eas secandas. — Estne pictori voluntas equi emendi? — Immo ei duorum emendorum voluntas est. — Habetne navarchus tempus ad loquendum? — Tempus quidem habet, caret autem voluntate loquendi. — Habesne studium currus emendi? — Habeo vero studium unius emendi. — Estne mihi voluntas domus emendæ? —

Est tibi voluntas unius emendæ. — Ecquid fratri tuo voluntas est bovis magni emendi? — Immo ei voluntas est parvi emendi. — Nobis est voluntas boum parvorum emendorum. — Quot equorum emendorum tibi est voluntas (Quot equos emere cupis)? — Est mihi voluntas quattuor emendorum (Cupio emere quattuor). — Estne alicui voluntas (studium) scoparum emendarum? — Voluntas est homini huicce unarum emendarum (Homo hic unas emere cupit). — Quid emendi homini illi est voluntas (Quid emere cupit homo ille)? — Est ei voluntas unum pulchrum currum, tres pulchros equos, bonam theam et bonam carnem emendi (Unum pulchrum currum &c. emere cupit).

42. DICTATA ALTERA ET QUADRAGESIMA.

Cupidus es loquendi (dicendi)? — Cupidus sum, sed otio ad loquendum careo. — Audesne brachium tuum secare (Estne tibi animus brachii tui secandi)? — Non audeo (id secare). — Estne mihi fas (Licetne mihi) loqui? — Tibi non est nefas loqui, sed nefas tibi est arbores meas secare (Licet tibi quidem loqui, sed arbores meas secare tibi non licet). — Cupitne amici tui filius unā plus avium emere (Cupidusne est ... unā plus avium emendi? — Cupit vero uno plus emere (Cupidus est unius plus emendi). — Estne tibi voluntas unā plus togarum pulchrarum emendi? — Est mihi voluntas unā plus emendi. — Cupimusne aliquot plus equorum emere? — Cupimus quidem aliquot plus emere, sed non amplius pecuniæ habemus. — Quid emendi vobis est voluntas? — Voluntas est nobis aliquid boni emendi, et vicinis nostris aliquid pulchri emendi voluntas est. — Num liberi eorum avium emendarum cupidi sunt? — Liberi eorum avium emendarum non cupidi sunt. — Estne tibi animus navarchi risci emendi (Audesne navarchi riscum emere)? — Est mihi cupiditas ejus emendi, sed non amplius pecuniæ habeo (non est mihi reliqua pecunia). — Quis canis mei pulchri emendi cupidus est? — Nemo ejus emendi cupidus est. — Cupisne emere aves meas pulchras, an illas Francogallorum? — Illas Francogallorum emere cupio. — Quem librum cupit ille emere? — Emere cupit eum, quem tu habes, eum quem filius tuus habet, et illum quem meus habet. — Habesne duos equos? — Unum tantum habeo, sed uno amplius emendi cupidus sum (unum amplius emere cupio).

43. DICTATA QUADRAGESIMA TERTIA.

Cupisne litteras meas (epistolam meam) servare ? — Cupio eas (eam) servare. — Licetne mihi (Estne mihi fas) pecuniam tuam reponere ? — Licet tibi eam reponere. — Cupitne sartor togam meam conficere ? — Cupit vero eam conficere, sed non est ei spatium (sed otio caret). — Estne sartori tempus (spatium) ad togas meas reparandas ? — Est ei tempus ad eas reparandas (reficiendas). — Audesne pileum meum comburere ? — Comburere eum non audeo ; cupidus sum ejus servandi. — Estne sartoris puero spatium ad caligas meas reficiendas ? — Non est ei spatium ad eas reficiendas. — Quid amici nostri sartori est reficiendum ? — Togæ nostræ veteres ei reficiendæ sunt. — Cui sunt reparandæ nostræ caligæ ? — Reparandæ sunt sutori nostro. — Quid opifici pileorum nostro faciendum est ? — Reficiendi sunt ei pilei vestri magni. — Estne fratris tui fabro tignario aliquid faciendum ? — Reparandæ sunt ei mensæ nostræ magnæ et sellæ nostræ parvæ. — Visne meos viginti septem thaleros reponere ? — Volo eos reponere (servare). — Utrum tollere vis thalerum illum an florenum illum ? — Ego ambos (utrumque) tollere volo. — Num vis digitum ejus (illius) secare ? — Non volo (Nolo) eum secare. — Vultne pictor acetum comburere ? — Vult vero nonnullum comburere. — Num rusticus panem suum vult comburere ? — Non suum, verum vicini sui comburere vult. — Estne tibi aliquid faciendum ? — Non est mihi quidquam faciendum. — Estne nobis aliquid (Ecquid est nobis) faciendum ? — Coffea nostra nobis calefacienda est. — Visne loqui ? — Volo vero loqui (Loqui non nolo). — Vultne filius tuus laborare (opus facere) ? — Non vult laborare.

44. DICTATA QUADRAGESIMA QUARTA.

Visne aliquid emere ? — Volo quiddam emere. — Quid emere vis ? — Libros aliquot bonos emere volo. — Quid ei est emendum ? — Emendus est ei equus (aliquis) bonus. — Utrum emere vis hanc mensam an illam ? — Ego neque hanc neque illam emere volo. — Quam domum amicus tuus emere vult ? — Magnam fratris tui domum emere vult. — Vultne famulus tuus ignem meum (or mihi) accendere ? — Vult (eum accendere). — Utrum pater tuus hos verveces emere vult an hos boves? — Non vult emere neque alteros neque alteros. — Utrum umbraculum meum an baculum meum emere vult? — Ambo (utrumque) emere vult. — Vultisne ignem accendere? — Nolumus (unum accendere). — Quid facere (conficere) vis? — Acetum facere volo. — Visne cultrum meum quærere? — Volo eum quærere (Quærere eum non volo). — Numquid tibi est quærendum (Estne tibi aliquid conquirendum)? — Non est mihi quidquam quærendum. —·Estne ei otium ad filium meum quærendum? — Est ei otium, sed quærere eum non vult. — Quid ei faciendum est? — Accendendus est ei ignis, lavanda sunt tibialia mea lintea, emenda sunt bona coffea, bonum saccharum, bona aqua, atque bona caro. — Vultne ille riscum tuum bonum emere? — Vult eum emere. — Utrum emere vis domum meam magnam an parvam? — Nolo emere nec domum tuam magnam nec parvam; cupio emere illam amici nostri. — Num equos meos bonos emere vis? — Nolo eos emere. — Quot verveces emere vis? — Duo et viginti emere volo. — Vultne peregrinus multum frumenti emere? — Immo vero paulum tantum emere vult. — Visne magnam digitabulorum copiam emere? — Immo vero pauca tantum emere volo; liberi autem nostri permulta emere volunt. — Numquid illi quærere volunt caligas easdem, quas nos habemus? — Non eas quas vos habetis, sed eas quas pater meus habet, quærere volunt. — Utrum tu quærere vis togas meas, an illas Francogalli boni? — Nolo neque tuas neque illas Francogalli boni quærere; quærere volo meas atque illas filii mei boni.

45. DICTATA QUADRAGESIMA QUINTA.

Num tu vis (Cupisne) togam meam lacerare? — Nolo (Non cupio) eam lacerare. — Num frater tuus librum meum pulchrum lacerare vult (cupit)? — Non cupit eum lacerare. — Quid lacerare vult? — Cor tuum lacerare vult. — Apud quem est pater noster? — Apud amicum suum est. — Ad quem vis ire (tu ire vis)? — Ad te ire volo (cupio). — Visne domum meam ire? — Non tuam, sed in illam sartoris mei ire volo (cupio). — Vultne (Cupitne) pater tuus ad amicum suum ire? — Vult ad eum ire. — Apud quem (In ejus domo) est filius tuus? — Apud nos est (Domi nostræ est). — Voluntne liberi tui ad amicos nostros ire? — Volunt (Cupiunt) ad eos ire. — Estne peregrinus apud fratrem nostrum? — Est apud eum. — Apud quem est Anglus (In cujus domo est)? — Apud te est (Tuæ domi est). — Estne Americanus apud nos (domi nostræ)? — Non, domine, non est apud nos; in domo amici sui (apud amicum suum) est. — Estne Italus apud amicos suos? — Est apud eos (In domo eorum est).

46. DICTATA QUADRAGESIMA SEXTA.

Visne domum ire? — Nolo ire domum (Domum ire non cupio); volo ire in domum filii vicini mei. — Num pater tuus domi est (Estne pater tuus domi)? — Non vero, domine, domi non est. — Apud quem (In cujus domo) est? — Apud bonos vicini nostri veteris liberos est. — Num in alicujus domum ire vis? — Nolo in cujusquam domum ire. — Apud quem est filius tuus? — Apud neminem est (Non est in domo cujusquam); domi suæ est (apud semet ipsum est). — Quid domi facere vult? — Bonum vinum bibere vult. — Visne epistolas meas domum tuam portare? — Immo eas in domum paternam portare volo. — Quis scidulas meas portare vult? — Juvenis eas portare vult. — Num eas domum meam portare vult? — Non; in domum fratris sui (or fraternam) eas portare vult. — Estne ejus pater domi? — Domi suæ non est; apud peregrinum (in peregrini domo) est. — Quid est tibi ad bibendum (Quid bibendum habes)? — Non est mihi quidquam ad bibendum (Nihil bibendum habeo). — Estne filio tuo aliquid ad bibendum? — Sunt ei bonum vinum et bona aqua ad bibendum. — Vultne famulus tuus libros meos ad fratres meos portare (ferre)? — Vult eos in domum eorum portare. — Quid tu domum meam portare vis? — Domum tuam portare volo duas gallinas, tres aves, bonum panem et bonum vinum. — Num tu has sellas domum meam portare vis? — Non has, sed (verum) illas portare volo. — Quid facere vult Germanus domi? — Laborare et bonum vinum bibere vult.

47. DICTATA QUADRAGESIMA SEPTIMA.

Quid est tibi domi (Quid domi habes)? — Non est mihi quidquam domi (Nihil domi habeo). — Estne tibi domi aliquid ad bibendum? — Nihil ad bibendum habeo; non habeo nisi aquam nequam. — Habetne centurio tantum coffeæ quantum sacchari domi? — Tantum de illā quantum de alterā habet domi. — Visne tot thaleros quot orbiculos fibulatorios in fratris mei domum portare? — Ego in domum ejus tot alterorum quot alterorum portare volo. — Visne vasa vitrea magna domum meam portare? — Volo aliquot domum tuam portare. — Cupitne mercator tot boves quot verveces emere? — Emere cupit quot ex alteris tot ex alteris (tot horum quot illorum). — Reparandine sunt sutori tot calcei quot caligæ? — Reparandi sunt ei quot illorum tot harum. — Estne ei tantum vini quantum aquæ ad bibendum? — Est ei ad bibendum tantum alterius quantum alterius (quantum de hac tantum de illo). — Cupítne Turca vasa (aliqua) vitrea confringere? — Cupit vero nonnulla confringere (Cupidus est aliquot confringendi). — Estne cupidus vini bibendi? — Non est cupidus bibendi. — Visne aliquid de me emere (Numquid a me emere vis)? — Nolo de te quidquam emere (Nihil a te emere volo). — De quo (A quo) tu vis frumentum tuum emere? — Volo id de mercatore magno emere. — De quo boves suos emere volunt Angli? — De (a) Batavis eos emere volunt (cupiunt). — Numquid Hispani emere volunt? — Nihil emere volunt (cupiunt).

48. DICTATA DUODEQUINQUAGESIMA.

Visne aliquo ire? — Nusquam ire volo (Nolo usquam ire). — Num filius tuus ad aliquem ire vult? — Ad nullum (neminem) ire vult. — Quando vis juvenem tuum ad pictorem ducere? — Ego illum hodie ad eum ducere volo. — Quo ille has aves portare (ferre) vult? — Non vult eas usquam portare. — Visne medicum hunc ad hominem ducere? — Volo illum ad eum ducere. — Quando (Quo tempore) illum vis ad eum ducere? — Ego illum hodie ad eum de ducere volo. — Voluntne medici ad fratrem tuum bonum venire? — Nolunt ad eum venire. — Num quem mihi famulum mittere vis? — Nolo tibi quenquam mittere. — Visne filium aliquem ad medicum mittere? — Volo unum ad eum mittere. — Apud quem (Quocum) est medicus? — Apud neminem (Cum nemine) est. — Visne ire aliquo? — Vero, ad bonos Americanos ire volo. — Estne ei otium ad veniendum domum meam? — Non est ei otium ad veniendum (eo). — Vultne (cupitne) centurio unā plus epistolarum scribere? — Vult vero scribere unā amplius. — Visne scribere schedulam? — Volo unam scribere. — Cupidusne est amicus tuus tot epistolarum scribendi quot ego? — Cupidus est totidem scribendi.

49. DICTATA UNDEQUINQUAGESIMA.

Ubi frater tuus est? — Domi est. — Quo (quorsum) tu ire vis? — Domum ire volo (cupio). — Quo pater tuus ire vult? — Domum tuam ire vult. — Quo vis hanc epistolam portare? — Ego eam in domum vicini mei portare volo. — Estne filius tuus domi? — Est (ibi). — Quo vult sutor caligas meas portare? — Vult eas domum tuam portare. — Vultne eas domum portare? — Vult eas eo portare. — Visne saccharum bonum domum tuam mittere? — Volo eo mittere nonnullum. — Vultne pistor bonum panem domum mittere? — Vult eo mittere nonnullum. — Visne venire ad me (ad me venire)? — Volo ad te venire. — Quo tu ire vis? — Ad Francogallos ire volo. — Voluntne Itali boni domum nostram ire? — Nusquam ire volunt (Nolunt usquam ire). — Visne filium tuum domum meam ducere? — Ego eum non tuam, verum in centurionis domum deducere volo. — Quando tu eum in centurionis domum ducere vis? — Ego eum cras illuc ducere volo. — Habesne multas epistolas scribendas? — Non habeo nisi paucas scribendas (Paucas tantum scribendas habeo). — Quam multas epistolas scribendas habet vicinus noster vetus? — Scribendas habet tam multas (tot) quot tu (habes). — Cui sunt epistolæ longæ scribendæ? — Scribendæ sunt aliquot adolescentulo. — Quot litteræ ei adhuc scribendæ sunt? — Scribendæ sunt ei adhuc sex. — Quot ei mittendæ sunt? — Mittendæ sunt ei viginti. — Num mittendas habet tot epistolas quot pater ejus? — Pauciores mittendas habet (Mittendæ sunt ei pauciores). — Mittendine sunt opifici pileorum adhuc aliquot pilei? — Non sunt ei amplius mittendi. — Audetne filius tuus epistolam unam longam scribere? — Audet vero unam scribere. — Vultne scribere tot epistolas quot meus? — Vult vero scribere totidem. — Visne tot currus quot equos emere? — Plus horum quam illorum emere volo.

50. DICTATA QUINQUAGESIMA.

Potesne (Scisne) mihi panem secare? — Possum (Scio) tibi aliquantum secare. — Habesne cultrum ad secandum mihi aliquantulum (qui *or* quo mihi aliquantulum seces)? — Non habeo. — Potesne digitabula tua lavare? — Possum quidem ea lavare, sed facere hoc non cupio. — Potestne (Scitne) sartor

togam mihi facere?—Potest (Scit) tibi unam facere (conficere).
— Visne ad medicum loqui?— Volo (ad eum loqui). — Cupitne filius tuus me videre, ut mecum (ad me) loquatur?— Te videre cupit (vult), ut tibi det thalerum. — Num me occidere (interficere) vult?— Non te occidere vult; te videre modo vult. — Cupitne amici nostri veteris filius (unum) bovem occidere (mactare)?— Immo duos occidere (mactare) cupit (vult). — Quantum pecuniæ (Quantam pecuniam) mittere mihi potes?— Ego tibi triginta thaleros mittere possum. — Visne mihi mittere epistolam meam?— Volo tibi eam mittere. — Visne mittere aliquid sutori?— Vero, ei caligas meas mittere volo. — Num vis ei togas tuas mittere?— Immo vero eas ad sartorem meum mittere volo. — Potestne mihi sartor togam meam mittere?— Mittere eam non potest. — Possuntne (Sciuntne) liberi tui scribere epistolas?— Sciunt (nonnullas scribere).

51. DICTATA UNA ET QUINQUAGESIMA.

Estne tibi scyphus ad vinum bibendum?— Est mihi unus, vino autem careo; non habeo nisi aquam. — Visne mihi dare pecuniam, ut (aliquantulum) emam?— Dare tibi non nolo (Volo tibi dare), sed non habeo nisi pauxillum (paulum tantum habeo). — Visne mihi dare quod habeas?— Volo tibi dare. — Potesne bibere tantum vini quantum aquæ?— Tantum ex uno quantum ex alterā bibere possum. — Estne vicino nostro lignum ad ignem accendendum (qui *or* quo ignem accendat)? — Habet quidem nonnullum ad unum accendendum, caret autem pecuniā ad emendum panem et carnem (qui *or* quā panem et carnem emat). — Visne ei aliquantulum commodare? — Volo ei commodare (Commodare ei non nolo). — Cupisne ad Germanum loqui?— Cupio (volo) ad eum loqui. — Ubi est? — Apud filium centurionis est. — Cupitne (Vultne) Germanus ad me (mecum) loqui?— Cupit vero ad te (tecum) loqui. — Utrum cum meo fratre loqui vult an cum tuo?— Cum utroque loqui vult. — Possuntne sartoris nostri liberi laborare (opus facere)?— Possunt laborare, sed nolunt.

52. DICTATA ALTERA ET QUINQUAGESIMA.

Habetne faber tignarius pecuniam ad malleum emendum (qui *or* quā malleum emat)?— Habet nonnullam ad unum emendum (qui *or* quā unum emat). — Estne navarcho pecunia, qui (*or* quā) navem emat? — Est ei, qui (*or* quā) unam emat. — Habetne rusticus pecuniam ad oves emendas? — Non habet ad (quasquam) emendas (Non habet, quā emat). — Estne tibi otium ad patrem meum videndum? — Non est mihi otium ad eum videndum. — Vultne (Cupitne) pater tuus me videre? — Non te videre vult. — Habetne famulas scopas ad domum everrendam? — Habet vero unas ad eam everrendam. — Vultne eam everrere? — Vult eam everrere. — Estne mihi (Num mihi est) sat salis ad carnem meam saliendam (qui *or* quo carnem meam saliam)? — Non est tibi satis ad eam saliendam. — Num amicus tuus domum meam venire vult, ut me videat? — Non vult nec domum tuam venire nec te videre. — Cupidusne est vicinus noster equi sui occidendi? — Non est cupidus ejus occidendi. — Num tu amicos tuos interficere vis? — Immo inimicos meos modo interficere volo. — Visne cum liberis (ad liberos) sutoris tui loqui? — Volo cum iis (ad eos) loqui. — Quid iis dare vis? — Ego iis placentas magnas (panificia magna) dare volo. — Visne (Num vis) iis aliquid cummodare? — Non habeo, quod iis commodem. — Habetne coquus adhuc salem ad carnem saliendam? — Habet adhuc aliquantulum. — Reliquumne est ei aliquid oryzæ? — Est ei permultum reliquum. — Vultne mihi dare aliquantulum? — Vult vero tibi dare aliquantulum. — Ecquid liberis meis egenis dare vult? — Vult iis nonnullum dare. — Utrum occidere vult gallinam hanc an illam? — Neutram occidere vult. — Utrum occidere vult bovem hunc an illum? — Ambos (utrumque) occidere vult. — Quis nobis buccellata mittere vult? — Pistor vobis aliqua mittere vult. — Ecquid habes boni (Estne tibi aliquid boni), quod mihi des? — Nihil boni habeo (Non est mihi quidquam boni), quod tibi dem.

53. DICTATA QUINQUAGESIMA TERTIA.

Visne amico tuo (ad amicum tuum) respondere (rescribere)? — Volo ei (ad eum) rescribere. — Sed cui tu vis rescribere? — Ego patri meo bono rescribere volo. — Nonne vis amicis tuis bonis rescribere? — Volo iis rescribere. — Quis mihi rescribere vult? — Rescribere tibi (ad te) vult Russus, sed non potest. — Vultne Russus epistolam ad me scribere? — Vult unam ad te scribere. — Possuntne Hispani ad nos rescribere? — Rescribere ad nos non possunt, sed nos ad eos rescribere possumus. — Quid Anglo faciendum est? — Rescribendum est ei ad epistolam (ad litteras). — Cui epistolæ (Ad quam epistolam) est ei rescribendum? — Rescribendum est ei ad epistolam Francogalli boni. — Estne mihi rescribendum ad epistolam aliquam? — Rescribendum tibi est non ad epistolam, sed ad schedulam. — Cui schedulæ (Ad quam schedulam) mihi rescribendum est? — Rescribendum tibi est ad illam centurionis magni. — Rescribendumne est nobis ad epistolas mercatorum? — Est nobis ad eas rescribendum. — Visne sartoris tui schedulæ rescribere? — Volo ei (ad eam) rescribere. — Ecquis (Numquis) epistolæ meæ magnæ rescribere vult? — Nemo ei (ad eam) rescribere vult. — Utrum pater rescribere tuus vult ad hanc schedulam an ad illam? — Non rescribere vult neque ad hanc neque ad illam. — Quibus schedulis respondere vult? — Respondere vult solum illis amicorum suorum bonorum. — Vultne ad litteras meas (or epistolæ meæ) respondere (rescribere)? — Vult vero ad eas respondere. — Vultne pater tuus aliquo ire? — Nusquam ire vult (Non vult ire usquam). — Ubi est frater tuus? — In hortis amici nostri est. — Ubinam est Anglus? — In hortulo suo est. — Quonam vos ire cupitis (vultis)? — In Francogallorum hortos inire cupimus (volumus). — Ubi est filius tuus? — In conclavi suo est. — Vultne in horreum inire? — Vult (in id) inire. — Visne (in) theatrum magnum inire? — Nolo ego inire, sed filius meus cupidus est ineundi. — Ubi est Hibernus? — In theatro est. — Estne Americanus in silva? — Inest.

54. DICTATA QUINQUAGESIMA QUARTA.

Visne venire ad me, ut in silvam ineamus? — Non est mihi voluntas in silvam ineundi. — Quod (in) theatrum inire vis? — (In) theatrum magnum inire volo. — Utrum inire vis hortos meos an illos Batavi? — Non cupio inire neque tuos neque illos Batavi; ego Francogallorum hortulos inire volo. — Num in illos Germanorum inire vis? — Nolo eo inire. — Suntne Americanis magna mercium receptacula? — Sunt iis nonnulla. — Suntne Anglis penora * magna? — Sunt iis nonnulla. — Habentne Germani tot receptacula mercium quot penora? — Tot horum quot illorum habent. — Visne penora nostra magna videre? — Volo vero in receptacula tua mer-

* See Grammar, page 84, 4.

cium inire, ut ea videam (Volo vero videndi causā in, &c.). — Estne vobis multum fœni in cellis vestris penariis ? — Est nobis ejus permultum, sed non est nobis satis frumenti. — Vultisne aliquid (aliquantum) emere ? — Volumus vero nonnullum emere. — Estne nobis tantum frumenti, quantum vini in cellis nostris penariis ? — Est nobis tantum ex altero quantum ex altero. — Tenentne Angli tantum panni quantum chartæ in mercium suis receptaculis ? — Immo plus alterius (de altero) quam alterius (de alterā) tenent. — Estne patri tuo otium ad scribendum epistolam ad me ? — Cupit quidem unam ad te scribere, sed otio caret hodie. — Quando vult ad illam fratris mei respondere ? — Respondere vult ad eam cras (crastino tempore). — Visne domum meam venire, ut magna mea mercium receptacula videas ? — Non possum hodie domum tuam venire ; epistolæ mihi scribendæ sunt. — Ubi est culter ? — Sub mensā est. — Estne amicus tuus intus ? — Est (intus). — Intro it. — Cupisne foras ire (Visne exire domo) ? — Immo vero intro ire cupio. — Estne pictor foris ? — Non est foris.

55. DICTATA QUINQUAGESIMA QUINTA.

Ubi est noster amicus ? — In foro est. — Ubi est frater meus ? — Ruri est. — Visne rus ire ? — Nolo eo ire. — Quo (quorsum) ire cupis ? — Ad forum ire cupio. — Estne frater tuus domi ? — Non ; saltationi interest (adest). — Quo ire vult filius tuus ? — Ad (in) locum publicum ire vult. — Itne Anglus rus, ut agros videat ? — Rus non it, ut agros videat, sed ut silvas, aves, aquam videat, et (ut) theam bibat. — Ubi est filius rustici ? — In agris est frumentum secans (frumenti secandi causā). — Num filius equitis (hominis nobilis) aliquo ire vult ? — Non usquam ire vult ; fessus est. — Quo ferre (portare) vult frumentum quæsitoris filius ? — Ferre vult aliquantum in cellam penariam fratris tui. — Vultne eo portare vinum et carnem ? — Utrumque eo portare vult.

56. DICTATA QUINQUAGESIMA SEXTA.

Estne tibi otium ad standum juxta fenestram ? — Non est mihi otium ad standum juxta fenestram. — Estne frater tuus domi ? — Non est (domi). — Ubi est ? — Ruri (est). — Num quid est ei ruri faciendum ? — Nihil ei quidquam ibi faciendum est. — Quo ire vis? — In theatrum ire volo. — Estne Turca in theatro? — Inest. — Quis in hortis est? — Liberi Anglorum et illi Germanorum ibi sunt. — Ubi vult pater tuus mecum loqui? — In cubiculo (conclavi) suo tecum loqui vult. — Quocum (Ad quem) loqui vult frater tuus? — Cum Hiberno (Ad Hibernum) loqui vult. — Non ad Scotum loqui vult? — Vero, ad eum loqui vult. — Ubi ad eum (cum eo) loqui vult? — Loqui vult ad eum (cum eo) in theatro. — Cupitne Italus cum aliquo loqui? — Cupit (Vult) vero loqui cum medico. — Ubi ad eum loqui vult? — Loqui vult ad eum inter saltandum (in saltatione). — Potesne mihi mittere pecuniam? — Possum tibi mittere nonnullum. — Quantam pecuniam mittere mihi potes? — Mittere tibi possum triginta duo thaleros. — Quando mihi pecuniam illam mittere vis? — Volo tibi eam hodie mittere. — Visne mihi eam mittere rus? — Volo tibi eam illo mittere. — Visne famulum tuum in forum mittere? — Volo eum illo mittere. — Emendumne est tibi aliquid in foro? — Emenda * sunt mihi bonus pannus, bonæ caligæ et boni calcei.

57. DICTATA QUINQUAGESIMA SEPTIMA.

Quid facere vult lanius ruri? — Boves ibi et verveces emere vult, ut eos occidat (*or, better,* quos occidat). — Visne gallinam emere, ut eam (*or* quam) occidas? — Volo unam emere, sed occidere eam non audeo. — Num nauta aliquem interficere vult? — Neminem interficere vult. — Cupisne epistolas meas comburere? — Facere non audeo. — Utrum quærere vult famulus cultrum meum an chartam meam? — Utrumque quærere vult. — Quem cultrum cupis (vis)? — Cultrum meum magnum cupio (volo). — Quos boves lanius occidere vult? — Occidere vult boves magnos (grandes). — Qualem penum (Quid peni) emere vult mercator? — Bonum penum emere vult (Emere vult penum bonum). — Ubi (eum) emere vult? — (Emere vult eum) in foro. — Ad quem (eum) mittere vult? — Mittere vult (eum) ad inimicos nostros. — Visne mihi mittere uno plus librorum? — Volo tibi mittere aliquot amplius. — Potesne bibere tantum vini quantum vicinus tuus (bibere potest)? — Tantum bibere possum; amicus autem noster Russus plus quam uterque nostrum bibere (portare) potest.

* See Grammar, page 99, B. 3.

— Potestne Russus bibere tantum hujus vini quantum illius? — Tantum de uno, quantum de altero bibere potest. — Habesne aliquid boni ad bibendum? — Nihil boni ad bibendum habeo.

58. DICTATA DUODESEXAGESIMA.

Potestne amicus Hispani penum portare? — Potest vero nonnullum portare. — Quo penum portare vult? — Portare vult (nonnullum) ad cellas penarias nostras. — Visne emere penum, ut eum (*or, better*, quem) in cellas penarias nostras portes? — Immo nonnullum emere volo, ut eum (*or* quem) rus portem. — Visne ad fenestram ire, ut adolescentem videas? — Non est (Deest) mihi otium ad eundum (ad fenestram). — Estne tibi aliquid faciendum? — Scribenda est mihi epistola. — Ad quem scribenda tibi est epistola? — Scribenda mihi una est ad amicum meum. — Visne litteras ad quæsitorem mittere? — Volo ad eum mittere. — Quid ad eum scribere vis? — Ego ad litteras ejus respondere volo. — Potesne scribere tot epistolas, quot ego? — Ego plus (plures), quam tu, scribere possum. — Potesne dare litteras ad amicos tuos absentes? — Possum litteras ad eos dare. — Estne tibi charta ad scribendum? — Est. — Potestne quæsitor litteras mittere ad aliquem? — Litteras mittere (dare) potest ad neminem.

59. DICTATA UNDESEXAGESIMA.

Amarisne (Diligerisne) a patre tuo? — Amor (Diligor) ab eo. — Amaturne ab eo frater tuus? — Amatur (Diligitur) ab eo. — A quo ego amor (diligor)? — Amaris (diligeris) a parentibus tuis. — Amamurne (Diligimurne)? — Amamini (Diligimini). — A quo amamur (diligimur)? — Amamini (Diligimini) ab amicis vestris. — Amanturne (Diligunturne) hi homines? — Amantur (Diliguntur) a nobis et ab amicis suis bonis. — A quo ducitur cæcus? — (Ducitur) a me. — Quo (Quorsum) eum ducis? — Duco eum domum. — A quo nos vituperamur (reprehendimur)? — Vituperamur (Reprehendimur) ab inimicis nostris. — Quam ob rem ab iis vituperamur? — Quia (Quod) nos non amant. — Afficiminine pœnā (*or* Puniminine) a magistro vestro? — Nos pœnā non afficimur (non punimur), quia seduli et boni sumus. — Audimurne? — Audimur. — A quo audimur? — Audimur a vicinis nostris.

— Auditurne magister ab alumnis (a discipulis) suis? — Auditur ab iis. — Qui liberi laudantur? — Ii, qui boni (bene morati) sunt. — Qui pœnā afficiuntur? — Illi, qui ignavi (segnes) et mali (malis moribus) sunt. — Utrum vos laudamini an vituperamini? — Nos nec laudamur nec vituperamur (reprehendimur). — Amaturne amicus noster a magistris suis? — Vero, et amatur et laudatur ab iis, quia assiduus beneque moratus est; sed frater ejus a suis despicatui habetur (or contemnitur), quia nequam et ignavus est. — Scribiturne epistola? — Scribitur. — A quo scribuntur libri illi? — Scribuntur ab amicis nostris. — Ad quem (or cui) mensa mittitur? — Mittitur ad vicinum nostrum. — Quo mittuntur cultri (illi)? — Domum nostram mittuntur. — Mitterisne aliquo? — Nusquam mittor. — Num indusia nostra ab aliquo lavantur? — Non lavantur ab ullo (A nemine lavantur). — Fitne frater tuus sedulus? — Non fit. — Calefitne coffea nostra? — Calefit. — A quo reparantur (reficiuntur) togæ nostræ? — Reparantur a sartore. — Num equi nostri ab aliquo emuntur? — A nemine emuntur. — A quo bibitur vinum? — Bibitur ab amicis nostris. — Legiturne liber a quoquam? — Non legitur ab ullo (A nemine or nullo legitur). — A quo leguntur libri boni? — Leguntur a sapientibus doctisque. — Quā re delectaris? — Ego libris meis novis delector. — Quomodo hostes (inimici) nostri occiduntur (interficiuntur)? — Interficiuntur gladio.

60. DICTATA SEXAGESIMA.

Visne apportare (afferre) saccharum? — Volo nonnullum apportare (afferre). — Mi fili, visne aquam apportare? — Etiam, mi pater, apportare volo (non nolo). — Quo tu ire vis? — Ad puteum ire cupio (volo), ut aquam apportem (afferam). — Ubi est frater meus? — Apud (ad) puteum est. — Visne filium meum arcessi jubere? — Volo eum arcessi jubere. — Vultne centurio puerum meum adduci jubere? — Vult vero eum adduci jubere. — Ubi est? — In angulo navis est. — Potesne litteras ad me dare? — Possum unas ad te dare. — Oportetne me aliquo ire? — Oportet te in hortos inire (Oportet ineas in hortulum). — Oportetne ego jubeam aliquid afferri? — Oportet vero jubeas afferri bonum vinum, bonum caseum et bonum panem. — Quid ego faciam oportet (Quid me facere oportet, or Quid mihi faciendum est)? — Oportet scribas (Te oportet scribere) epistolam unam longam.

— Ad quem me oportet epistolam longam scribere? — Scribas oportet unam ad amicum tuum. — Estne puerculus tuus diligens? — Est vero et modestus et diligens (non minus diligens quam modestus). — Num hi pueri inepti et segnes sunt? — Non sunt neque inepti neque segnes. — Quis appellaris? — Ego doctus et sapiens appellor. — Fiuntne illi docti? — Fiunt. — Evaditne orator? — Evadit. — Manentne boni? — Non manent. — Incedone ego imperator? — Incedis. — Num illi habentur formosi? — Immo vero deformes habentur (existimantur). — Cupiuntne fieri clementes? — Cupiunt clementes fieri. — Licetne mihi esse beato (beatum)? — Licet. — Videmur nos justi esse? — Non videmini.

61. DICTATA UNA ET SEXAGESIMA.

Quid nos faciamus (*or* facere) oportet (Quid nobis faciendum est)? — Oportet vos eatis (*or* ire) in silvas ligni secandi causā (*or* ut lignum secetis). — Quid Anglum facere oportet (Quid Anglus faciat oportet)? — Habetne Hispanus aliquid faciendum? — Laborandum est ei. — Ubi laborare potest? — Laborare potest in conclavi suo et in meo. — Quando mihi dare vis pecuniam? — Dare tibi volo hodie vesperi. — Oportetne me domum tuam venire? — Oportet (te domum meam venire). — Quando (Quo tempore) me domum tuam venire oportet? — Hodie mane. — Utrum domum tuam veniam oportet mane an vesperi? — Et mane et vesperi venias oportet (Necesse tibi est venire et mane et vesperi). — Quo ego eam necesse est? — Necesse est eas in campum magnum, ut cum mercatoribus (ad mercatores) loquare. — Quo ire rustico necesse est? — In agros ire ei necesse est, ut fœnum secet. — Necessene est mihi tibi aliquid servare? — Necesse est serves mihi aurum meum bonum et opera mea bona. — Oportetne liberos amicorum nostrorum facere aliquid? — Oportet eos (Necesse est iis) laborare mane et vesperi. — Quid tibi sartor reficiat oportet? — Reficiat oportet mihi togam meam veterem (Necesse est ei togam meam veterem reficere). — Quam gallinam coquus occidat oportet? — Occidat et hanc et illam oportet (necesse est). — Utrum tibi mittam oportet libros hos an illos? — Oportet mihi mittas et hos et illos. — Habesne aliquid ad bibendum (Habesne quod bibas)? — Nihil ad bibendum habeo (Non habeo quod bibam). — Quid ad bibendum habent? — Nihil ad bibendum habent nisi aquam. — Quo te ire oportet? — Me in hortos inire oportet. — Necessene est iis scribere? — Non necesse est. — Oportetne nos loqui (or loquamur)? — Oportet. — Oportetne me jubere (ego jubeam) aquam afferri? — Oportet jubeas (aliquantulum) afferri (apportari). — Cui necesse est librum apportari jubere? — Necesse est fratri nostro eum apportari jubere. — Jubentne me arcessi (adduci)? — Non jubent (te arcessi).

62. DICTATA ALTERA ET SEXAGESIMA.

Loquunturne Latine (Num illi Latine loquuntur)? — Loqui non possunt. — Nosne loquimur? — Non loquimur. — Cui blandimini? — Nulli (Nemini) blandimur. — Hortanturne aliquem (Ecquem hortantur)? — Hortantur vero amicos suos. — Hortanturne te, ut ad eos venias? — Me non hortantur, ut ad eos veniam, sed ut litteras ad eos mittam. — Vererisne aliquid (Numquid vereris)? — Nihil vereor. — Verentur, ne interficiantur? — Non verentur. — Quo usque ire vis? — Ire volo usque ad extremam silvam. — Quo usque frater tuus ire vult? — Ire vult usque ad terminum illius viæ. — Quo usque extenditur vinum? — Extenditur usque ad fundum dolii (usque ad imum dolium). — Quo usque extenditur aqua? — Extenditur usque ad ima putei (imo tenus puteo). — Quorsum is? — Ad forum eo. — Quo imus nos? — Rus imus. — Isne usque ad locum publicum? — Immo ego usque ad fontem eo. — Quo tempore ad forum it coquus tuus? — Eo it quotidie mane (quot diebus mane). — Potesne ad equitem loqui? — Possum vero quotidie ad eum loqui. — Possumne patrem tuum videre? — Potes eum videre quotidie vesperi (nullo non vespere). — Quotā horā ego videre eum possum? — Videre eum potes quotidie vespere horā octavā. — Visne hodie ad me venire? — Venire ad te hodie non possum, verum cras. — Quotā horā cras venire vis? — Venire volo mediā horā post octavam. — Non venire potes quadrante horæ post octavam? — Non possum. — Quotā horā it filius tuus ad centurionem? — Ad eum it quadrante horæ ante primam. — Quotā horā domi est amicus tuus? — Mediā nocte.

63. DICTATA SEXAGESIMA TERTIA.

Cupidusne es in publicum prodeundi? — Non sum (cupidus in publicum prodeundi). — Quo tempore domo exire (in publicum prodire) vis? — Exire volo mediā horā post tertiam. — Vultne pater tuus in publicum prodire? — Non vult in publicum prodire; domi se tenere vult. — Visne hic manere (morari), amice mi carissime? — Manere hic non possum; in mercium receptaculum ire me oportet (Necesse est mihi in mercium receptaculum ire). — Necessene est tibi ire ad fratrem tuum? — Est mihi necesse ad eum ire. — Quotā horā epistolæ tuæ tibi scribendæ sunt? — Scribendæ sunt mihi mediā nocte (Necesse est scribam eas mediā nocte). — Utrum ad fratrem tuum is vesperi an mane? — Eo ad eum et vesperi et mane (mane non minus quam vesperi). — Quo is hoc tempore? — In theatrum (ad spectaculum) eo. — Quo is hodie vesperi? — Nusquam eo; necesse est maneam domi, ut epistolas scribam. — Suntne fratres tui domi (Num fratres tui domi sunt)? — Non sunt (ibi). — Ubi sunt? — Ruri sunt. — Quo eunt amici tui? — Domum eunt. — Suntne sartori tuo tot liberi quot sutori tuo (sunt)? — Sunt illi totidem. — Habentne sutoris tui filii tot caligas quot pater eorum (habet)? — Immo plures, quam ille, habent. — Habentne liberi opificis nostri pileorum tantum panis quantum vini? — Plus alterius (de uno) quam alterius (de altero) habent. — Habetne noster faber tignarius filium unum reliquum? — Immo plures eorum reliquos habet. — Sitiuntne Itali? — Vero, et esuriunt et sitiunt. — Habentne aliquid faciendum? — Nihil faciendum habent. — Utrum Hibernorum filii (liberi) esuriunt an sitiunt? — Neque esuriunt neque sitiunt, sed fessi sunt.

64. DICTATA SEXAGESIMA QUARTA.

Estne tibi otium ad prodeundum in publicum? — Non est mihi otium ad prodeundum. — Quid tibi domi faciendum est? — Necesse est scribam epistolas ad amicos meos. — Estne tibi cubiculum tuum everrendum (scopis purgandum)? — Est mihi everrendum. — Estne tibi necesse fratribus tuis pecuniam commodare (Commodandane tibi est pecunia fratribus tuis)? — Necesse est commodem iis aliquantulum. — Estne tibi in hortos eundum? — Eundum et mihi eo. — Quotā horā tibi eo eundum est? — Eundum mihi est eo quadrante horæ post duodecimam. — Eundumne est tibi ad fratrem meum horā undecimā noctis? — Immo vero eundum est mihi ad eum mediā nocte. — Ubi sunt fratres quæsitoris nostri? — In silvā magnā sunt, ut arbores magnas secent (arbores magnas secantes). — Habentne pecuniam, qui (*or* quâ) panem vinumque emant? — Habent. — Oportetne Francogallorum liberos ad Anglorum liberos ire? — Oportet. — Visne vinum et scyphos afferri jubere? — Licetne Turcæ apud Russum manere? — Licet illi apud eum (hunc) manere. — Non est illi nefas apud hunc manere. — Visne mihi dare pecuniam, ut panem opportem? — Volo tibi dare, ut panem et cerevisiam apportes. — Ecquid liberi tui quotidie in publicum prodeunt? — Prodeunt vero quotidie mane (quot diebus mane). — Quando (Quo tempore) tu in publicum prodis? — In publicum prodeo quot diebus mane. — Quotâ horâ in publicum prodit frater tuus? — Prodit horâ nonâ. — Quo usque ire cupit? — Usque Romam (ire cupit). — Quo usque in aquam inire audet? — Pectoris tenus inire audet.

65. DICTATA SEXAGESIMA QUINTA.

Visne (vin') mihi officium præstare (mihi gratum facere)? — Etiam, domine; quâ re? — Vin' fratri tuo mandare, ut mihi equum suum vendat? — Volo ei mandare, ut tibi eum vendat. — Vin' jubere ministros meos cubicula mea magna scopis purgare? — Volo eos jubere (ea) purgare (everrere). — Visne filium tuum jubere ad patrem meum venire? — Volo eum (ad eum) venire jubere. — Cupisne mihi aliquid dicere (Habesne quod mihi dicas)? — Non habeo quod tibi dicam. — Habesne quod patri meo dicas? — Habeo vero verbum, quod ei dicam (pauca quæ ei dicam). — Num fratres tui currum suum vendere volunt? — Vendere non volunt. — Johannes! adesne? — Etiam, domine, adsum (hic sum). — Vin' tu ad opificem meum pileorum ire, ut jubeas eum pileum meum reficere? — Volo ad eum ire. — Visne ad sartorem ire, ut ei mandes, ut togas meas reparet (reficiat)? — Volo ad eum ire. — Visne in forum ire? — Volo eo ire (Ire eo non nolo). — Quid mercator habet ad vendendum? — Ad vendendum habet digitabula scortea pulchra, pectines, et bonum pannum. — Habetne aliqua indusia ad vendendum? — Habet nonnulla ad vendendum (quæ vendat). — Cupitne mihi equos suos vendere? — Cupit tibi eos vendere. — Quis tragœdiam Thyestem legere scit (potest)? — Ego quidem eam legere non possum (*or* non scio, *or* nescio), sed frater meus cupidus est ejus legendi. — Quis librum meum legit? — Discipulus tuus, frater meus, eum legit. — Quis mihi cultrum vendere cupit (vult)? — Ejus amicus, pistor tibi unum vendere vult. — Indigesne tu alicujus (Eccujus indiges)? — Vero; patris tui, mercatoris, indigeo. — Quem laudant (homines)? — Inimicum nostrum, pictorem, laudant.

66. DICTATA SEXAGESIMA SEXTA.

Qua re eges (indiges)? — Bono pileo egeo. — Egesne hoc cultro? — Egeo. — Estne tibi opus pecuniâ? — Opus est. — Num fratri tuo opus est piper (pipere)? — Non opus est. — An ei opus sunt caligæ? — Non opus sunt. — Quid fratri tuo opus est? — Non est ei opus quidquam (Nihil opus est). — Cui opus est saccharum (saccharo)? — Nemini eo opus est. — Numquid patri tuo opus est? — Nihil ei opus est. — Quid mihi opus est? — Opus est tibi nihil. — Indigesne tu libro meo? — Vero, eo indigeo. — Indigetne eo pater tuus? — Non indiget. — Estne amico tuo opus hoc baculo (hocce baculum)? — Est ei opus. — Utrum ei opus sunt hi emboli an illi? — Non opus sunt ei neque hi neque illi. — Indigesne tu mei? — Tui indigeo. — Quando ego tibi opus sum? — Nunc. — Quid mihi dicere vis (Quid habes quod mihi dicas)? — Volo tibi dicere quiddam novum (aliquid novi). — Quid tibi vis? — Cupio ad te (tecum) loqui. — Indigetne filius tuus nostri? — Indiget vero et tui et fratrum tuorum. — Indigesne famulorum meorum? — Eorum indigeo. — Numquis fratris mei indiget? — Nemo ejus indiget.

67. DICTATA SEXAGESIMA SEPTIMA.

Estne serum? — Non serum est. — Quota hora est? — Quadrans horæ post decimam est. — Quâ horâ pater tuus in publicum prodire vult? — Prodire vult dodrante horæ post octavam (quadrante horæ ante nonam). — Utrum vendere vult equum hunc an illum? — Neutrum vendere vult. — Utrum emere vult togam hanc an illam? — Utramque emere vult. — Habetne uno plus equorum ad vendendum? — Habet vero uno plus, sed vendere eum non cupit (non vult). — Habetne uno plus curruum (pilentorum) ad vendendum? — Non habet uno plus curruum ad vendendum; ad vendendum autem habet aliquot amplius boum. — Quando eos vendere vult? — Vendere vult eos hodie. — Utrum eos vendere vult mane an vesperi? — Vendere vult eos hodie vesperi. — Quotā horā? — Dimidiā (or mediā) horā post quintam. — Potesne ire ad pistorem? — Non possum ad eum ire; sero est. — Quam serum est? — Media nox est. — Cupisne videre hominem illum? — Cupio eum videre, ut eum cognoscam. — Cupitne pater tuus fratres meos videre? — Cupit eos videre, ut eos cognoscat. — Vultne equum meum videre? — Vult eum videre. — Quotā horā eum videre vult? — Videre vult eum horā sextā. — Ubi eum videre vult? — Videre vult eum in loco publico (in campo). — Habetne Germanus multum frumenti ad vendendum? — Non habet ad vendendum nisi pauxillum. — Quales cultros ad vendendum habet mercator? — Bonos cultros ad vendendum habet. — Quot cultri ei reliqui sunt? — Reliqui sunt ei sex. — Habetne Hibernus multum vini reliquum? — Non multum reliquum habet. — Estne tibi satis vini ad bibendum? — Non est mihi permultum, sed tamen satis. — Potesne multum vini bibere? — Multum bibere possum. — Potesne bibere singulis diebus (quotidie)? — Bibere possum quotidie et mane et vesperi. — Potestne frater tantum bibere quantum tu? — Plus, quam ego, bibere potest.

68. DICTATA DUODESEPTUAGESIMA.

Ubi est pater tuus? — Domi est. — Non exit domo? — Domo exire non potest; capitis doloribus laborat. — Doletne tibi caput (Laborasne capitis doloribus)? — Ego non capitis, sed aurium doloribus laboro. — Quotus dies mensis hodiernus est? — Decimus est hodiernus. — Quotus dies mensis cras (crastinus) est? — Crastinus (Cras) est tertius decimus. — Quales tibi dentes sunt? — Sunt mihi dentes boni. — Quales fratri tuo dentes sunt? — Sunt ei dentes nequam. — Dolentne Anglo dentes? — Non dolent ei dentes (Non afficitur dentium doloribus); sed altero oculo ægrotat. — Ecquid Italus altero oculo ægrotat? — Non altero oculo, verum altero pede ægrotat. — Egone digito laboro (Doletne mihi digitus)? — Non digito, sed genu laboras. — Visne mihi aliquantulum panis secare? — Secare tibi non possum; dolent mihi digiti. — Vultne mihi aliquis caseum secare (Numquis mihi caseum secare vult)? — Nemo tibi secare vult. — Num quem quæris (Quærisne aliquem)? — Neminem quæro. — Num quis aurium dolore afficitur? — Nemo aurium dolore afficitur. — Quid quærit pictor? — Nihil quærit. — Quem quæris? — Filium tuum quæro. —

Quis me quærit? — Nemo te quærit. — Reperisne, quod quæris? — Ego vero, quod quæro, reperio; sed navarchus (centurio) non reperit, quod quærit.

69. DICTATA UNDESEPTUAGESIMA.

Quis faucium doloribus afficitur? — Nos faucium doloribus afficimur. — Ægrotatne aliquis oculis? — Germani oculis ægrotant (oculorum infirmitate laborant). — Facitne mihi sartor togam? — Non facit (conficit); notalgiâ afficitur. — Conficitne sutor caligas meas? — (Eas) non conficit; cubitis ægrotat. — Affertne nobis mercator marsupia pulchra? — Domo exire non potest; ægrotat pedibus. — Reperitne Hispanus umbraculum, quod quærit? — Reperit. — Reperiuntne (Inveniuntne) lanii, quas quærunt, oves? — Reperiunt (Inveniunt). — Invenitne sartor suum digiti munimentum? — Non invenit. — Reperisne, quam quæris, chartam? — Non reperio. — Reperimusne quod quærimus (Nosne reperimus quod quærimus)? — Non reperimus quod quærimus. — Quid facit (agit) eques (homo nobilis)? — Facit quod tu facis (Idem facit *or* agit tecum). — Quid in cubiculo suo agit? — Legit. — Quot linguas scit frater tuus (Quot linguarum sciens est frater tuus)? — Unam solam scit (Unius tantum sciens est). — Reperiuntne quod quærunt? — Non reperiunt. — Laboratne magister noster oculorum infirmitate? — Laborat. — Afficerisne notalgiâ (Numquid notalgiâ afficeris)? — Non afficior.

70. DICTATA SEPTUAGESIMA.

Legisne? — Ego non lego. — Dantne operam litteris equitis filii? — Dant operam. — Cui rei operam dant? — Operam dant linguæ Germanicæ. — Studesne linguæ Anglicæ? — Non est mihi tempus ad ei studendum. — Quæruntne Batavi hanc navem an illam? — Utramque (ambas) quærunt. — Utrum famulus scopas quærit (conquirit) has an illas? — Non quærit neque has neque illas. — Quis linguam Germanicam discit? — Centurionum et equitum filii eam discunt. — Quo tempore linguæ Francogallicæ studet amicus tuus? — Studet ei (quotidie) mane. — Quotâ horâ ei studet? — Horâ decimâ studet. — Studetne ei singulis diebus (quotidie)? — Studet ei quot diebus mane et vesperi. — Quid agunt liberi fabri tignarii? —

Legunt. — Leguntne Germanice? — Immo vero Francogallice legunt; nos autem Anglice legunt — Quid legit filius tuus? — Libros Francogallicos legit. — Quem tu librum legis? — Ego librum Germanicum lego. — Legisne tu tantum, quam (quantum) ego? — Plus (plura) lego, quam tu. — Legitne pater tuus eundem librum, quem ego lego? — Non legit eum (illum), quem tu legis, sed eum (hunc), quem ego lego. — Legitne tantum, quantum ego? — Minus legit, sed plus discit, quam tu. — Commodasne mihi librum? — Commodo tibi unum. — Commodantne tibi amici tui libros? — Commodant mihi nonnullos.

71. DICTATA UNA ET SEPTUAGESIMA.

Loquerisne Hispanice? — Non vero, domine; Italice loquor. — Quis Polonice loquitur? — Frater meus Polonice loquitur. — Ecquid vicini nostri Russice loquuntur? — Non Russice, sed Arabice loquuntur. — Loquerisne Arabice? — Immo vero Græce et Latine loquor. — Quem cultrum habes? — Cultrum Anglicum habeo. — Quam pecuniam istam habes? — Estne pecunia Italica an Hispanica? — Immo pecunia Russica est. — Estne tibi pileus Italicus? — Immo mihi pileus Hispanicus est. — Esne Germanus (Tune Germanus es)? — Non vero, ego Anglus sum. — Num Græcus es? — Non, Hispanus sum. — Suntne hi homines Poloni? — Immo vero Russi sunt. — Num Russi Polonice loquuntur? — Non Polonice, verum Latine, Græce et Arabice loquuntur. — Estne frater tuus mercator? — Immo vero faber scriniarius est. — Numquid hi homines mercatores sunt? — Non, fabri tignarii sunt. — Sumusne nautæ? — Non vero, sutores sumus. — Esne stultus (Tune stultus *or* fatuus es)? — Non sum (stultus). — Quid (Quis) est homo ille? — Sartor est. — Precarisne mihi aliquid? — Jubeo te salvum esse (salvere) *or* Saluto te mane. — Quid mihi juvenis precatur? — Jubet te salvere (Salutat te vesperi). — Quorsum me ire oportet? — Oportet tu eas ad amicos nostros, ut eos salvere jubeas. — Veniuntne liberi tui ad me, ut me vesperi salutent? — Immo ad te veniunt, ut te salutent mane,

72. DICTATA ALTERA ET SEPTUAGESIMA.

Auditne (Observatne) homo id quod ei dicis (imperas) ? — Audit (Observat). — Observantne liberi medici id quod nos iis imperamus ? — Non observant (curant). — Audisne ea quæ frater tuus tibi dicit (imperat) ? — Audio (Observo). — Isne in theatrum ? — Tantum abest, ut in theatrum eam, ut in cellam penariam eam. — Visne mihi auscultare ? — Auscultare tibi non nolo, sed non possum; auribus ægroto (aurium doloribus afficior). — Corrigitne pater tuus schedulas tuas an meas ? — Corrigit neque tuas neque meas. — Quas schedulas corrigit (emendat) ? — Corrigit (Emendat) eas, quas ipse scribit. — Observatne ea quæ ei imperas ? — Observat. — Nudasne caput, ut ad patrem meum loquare ? — Vero, caput nudo (pileum capiti detraho), ut ad eum loquar. — Auditne frater tuus id, quod pater noster ei imperet (imperat) ? — Audit. — Affertne minister noster cerevisiam ? — Immo vero acetum affert, quum cerevisiam afferre debeat. — Emendasne meam epistolam ? — Non emendo; oculorum infirmitate laboro. — Detrahitne sibi famulus togam, ut ignem accendat ? — Detrahit. — Detrahisne tibi digitabula, ut mihi des pecuniam ? — Detraho (ea, ut tibi dem pecuniam). — Excalceatne ille pedes (Num calceos pedibus detrahit), ut domum tuam ineat ? — Excalceat. — Quis mensas et sellas aufert (tollit) ? — Ministri eas auferunt (tollunt). — Visne hunc scyphum auferre (tollere hunc scyphum) ? — Non est mihi voluntas ejus tollendi. — Nefasne est ei caligas detrahere pedibus ? — Immo ei licet (fas est) eas detrahere. — Tollisne aliquid (Num quid aufers) ? — Nihil tollo (aufero). — Nudatne aliquis caput (Numquis pileum detrahit capiti) ? — Nemo caput nudat (Nemo pileum detrahit).

73. DICTATA SEPTUAGESIMA TERTIA.

Ornatusne est eques oculis glaucis ? — Immo atris oculis et parvulo ore ornatus est. — Præditusne es bonâ memoriâ (Valesne memoriâ) ? — Ego memoriâ parum valeo, sed frater meus memoriâ singulari præditus est. — Potestne loco patris (in vicem patris) scribere ? — Non potest. — Mittuntne panem salis vice ? — Immo sal panis vice mittunt. — Visne meam vicem saltatum ire ? — Tuam vicem ire non possum. — Quid facis (agis), quum ludere debeas? — Operam do litteris, quum ludere debeam (potius quam ludo). — Discisne potius quam scribis? — Immo vero scribo potius quam disco. — Quid agit quæsitoris nostri filius? — In hortos init, quum in agros ire debeat. — Leguntne liberi vicinorum nostrorum? — Immo scribunt potius quam legunt (quum legere debeant). — Quid facit (agit) noster coquus? — Accendit ignem, quum in forum ire debeat. — Venditne pater tuus bovem suum? — Equum suum potius quam bovem suum vendit. — Prodeuntne medici in publicum? — Immo in cubiculis suis manent potius quam prodeunt (quum in publicum prodire debeant). — Quotâ horâ ad te venit medicus noster? — Quotidie mane dodrante horæ post octavam (quadrante horæ ante nonam) venit. — Operamne dat pictoris filius litteris Anglicis (or linguæ Anglicæ)? — Immo litteris Græcis potius quam Anglicis operam dat. — Bovesne occidit lanius? — Immo vero oves occidit, quum boves occidere debeat. — Auscultasne mihi? — Vero, tibi ausculto. — Auscultatne mihi frater tuus? — Immo loquitur potius quam tibi auscultat (Non modo tibi non auscultat, sed etiam loquitur). — Audisne quæ tibi dico (or dicam)? — Audio (Observo) quæ mihi dicis (imperas).

74. DICTATA SEPTUAGESIMA QUARTA.

Cogitasne operam dare linguæ Arabicæ? — Cogito vero operam dare linguæ Arabicæ et Syriacæ. — Scitne Anglus linguam Polonicam? — Non scit, sed eam discere cogitat. — Peritusne es nandi (Habesne scientiam nandi)? — Non sum peritus nandi, verum ludendi. — Scitne (Potestne) consobrinus tuus facere togas? — Facere non scit (nescit, non potest); sartor non est. — Estne mercator (Mercatorne est)? — Non est. — Quis (Quid) est? — Medicus est. — Quorsum is? — In hortos meos eo, ut cum hortulano loquar. — Quid ei dicere vis? — Imperare ei volo, ut fenestram cubiculi sui aperiat. — Auscultatne tibi (Datne tibi aures) hortulanus tuus? — Vero, mihi auscultat (Dat mihi aures). — Ecquid bibere vis vinum ex malis confectum? — Non, cupidus sum cerevisiæ bibendæ; habesne ejus aliquantulum? — Non habeo; sed afferri jubere volo. — Quando afferri jubere vis? — Nunc. — Jubesne afferri (apportari) mala? — Jubeo (nonnulla afferri). — Estne tibi multum aquæ? — Est mihi satis ad pedes meos lavandos. — Habetne frater tuus satis aquæ? — Non habet nisi pauxillum, satis tamen ad muccinium suum humectandum. — Scisne tu theam conficere (Peritusne es theæ conficiendæ)? — Conficere non nescio (Peritus sum). — Observat consobrinus tuus quod (quæ) ei imperas (imperes)? — Observat. — Habetne scientiam nandi? — Non habet (scientiam nandi). — Quorsum it? — Nusquam it; domi se tenet.

75. DICTATA SEPTUAGESIMA QUINTA.

Isne arcessitum (*or* arcessere) patrem tuum? — Eo eum arcessitum (arcessere). — Licetne mihi consobrinum meum arcessitum ire? — Licet tibi eum arcessitum ire. — Reperitne famulus tuus, quem quærit, hominem? — Vero, eum reperit. — Ecquid filii tui, quos conquirunt, amicos reperiunt? — Non reperiunt (inveniunt). — Quo tempore (Quando) saltatum ire cogitas? — Cogito ire hodie vesperi. — Cogitantne consobrini tui ire rus? — Vero, eo ire cogitant. — Quando eo ire cogitant? — Cras (eo ire cogitant). — Quotā horā? — Mediā horā post octavām. — Quid tibi vendere cupit mercator? — Vendere mihi cupit muccinia. — Cogitasne aliqua emere? — Nolo emere ulla. — Scisne tu aliquid (Numquid scis)? — Nihil quidquam scio. — Quid scit consobrinus tuus? — Legere et scribere scit (Peritus est legendi et scribendi). — Scitne linguam Germanicam? — Non scit (Nescit). — Scisne tu linguam Hispanicam? — Scio. — Sciuntne fratres tui linguam Græcam? — Non sciunt, sed discere eam cogitant. — An ego linguæ Anglicæ sciens sum? — Non scis, sed operam ei dare cogitas. — Possuntne liberi nostri legere Italice? — Legere quidem possunt, sed non loqui.

76. DICTATA SEPTUAGESIMA SEXTA.

Cupidusne es vini adusti bibendi? — Non, vinum bibere cupio. — Vendisne vinum adustum (Num tu vinum adustum vendis)? — Ego non vendo, sed vicinus meus mercator vendit. — Visne mihi apportare tabacum? — Volo tibi apportare; quod tabacum (quid tabaci) cupis? — Ego tabacum sternutatorium cupio, sed amicus meus Germanus tabacum fumarium cupit. — Ostenditne tibi mercator pannum? — Non ostendit. — Affertne famulus tuus vinum ex malis confectum? — Affert. — Estne tibi opus aliquid amplius? — Opus est mihi farina; visne mihi aliquantum ejus apportari jubere? — Emitne amicus tuus mala? — Emit (nonnulla). — Emitne muccinia? — Tantum abest, ut muccinia emat, ut tabacum emat (Tabacum potius quam muccinia emit). — Ostendisne mihi aliquid? — Ostendo tibi vestes meas aureas et argenteas. — Quo it patruelis tuus? — Saltatum it. — Isne tu saltatum? — Ego in theatrum potius quam saltatum eo. — Itne hortulanus in hortos? — In forum it, quum in hortos ire debeat. — Mittisne servum tuum ad sutorem? — Immo eum ad sartorem potius quam ad sutorem mitto.

77. DICTATA SEPTUAGESIMA SEPTIMA.

Cogitantne fratres tui rus ire (Propositumne est fratribus tuis rus ire)? — Cogitant (eo ire). — Estne tibi propositum ad patruelem meum ire? — Est mihi propositum ad eum ire. — Num quid facere tibi est propositum? — Non propositum est (mihi quidquam facere). — Cogitasne hodie vesperi in theatrum ire? — Inire quidem cogito, sed non hodie vesperi. — Accipisne aliquid? — Accipio vero pecuniam. — A quo accipis? — Accipio a patre meo, a fratre meo et a consobrino meo. — Accipitne filius tuus libros? — Accipit vero quosdam. — A quo accipit? — Accipit (aliquot) a me, ab amicis vicinisque suis. — Ecquam pecuniam accipit homo pauper? — Accipit ejus nonnullum. — A quo accipit? — Accipit aliquantulum a divitibus. — Num quid vini accipis? — Nihil (vini) accipio. — Egone pecuniam accipio? — Non accipis. — Accipitne servus tuus vestes (vestimenta)? — Non accipit. — Accipitisne libros, quos amici nostri accipiunt? — Non accipimus eosdem, quos amici tui accipiunt; alios autem accipimus. — Accipitne amicus tuus litteras, quas ad eum das (mittis)? — Vero, eas accipit. — Num tu, quæ tibi mitto, mala accipis? — Ea non accipio. — Accipitne Americanus tantum vini adusti, quantum vini ex malis confecti? — Accipit vero tantum de uno, quantum (quam) de altero. — Accipiuntne Scoti tam multos libros, quam multas epistolas? — Accipiunt vero tam multos (or tot) alterorum, quam multas (quot) alterarum.

78. DICTATA DUODEOCTOGESIMA.

Consequiturne Anglus principatum? — Consequitur. — Accipitne patruelis tuus tantam pecuniam, quantam ego? — Immo majorem (*or* grandiorem) accipit quam tu. — Accipitne Francogallus epistolas suas? — Accipit eas. — Quo tempore eas accipit? — (Accipit eas) vesperi. — Quo tempore tu litteras tuas accipis? — Accipio eas mane. — Quotâ horâ? — Dodrante horæ post nonam (Quadrante horæ ante decimam). — Accipisne tot epistolas quot ego? — Immo plures (earum) accipio quam tu. — Accipisne aliquas hodie? — Accipio vero nonnullas hodie et cras. — Excipitne pater tuus tot amicos quot (pater) noster? — Pauciores quam tuus excipit. — Excipitne Hispanus tot hostes (inimicos) quot amicos? — Excipit vero tot alterorum (ex unis), quot alterorum (ex alteris). — Accipisne uno amplius thalerorum? — Accipio (uno amplius). — Ecquid filius tuus uno amplius (plus) librorum accipit? — Uno amplius accipit. — Quid accipit medicus? — Bonum tabacum, bonum tabacum sternutatorium, et bona muccinia accipit. — Accipitne vinum adustum? — Vero, nonnullum accipit.

79. DICTATA UNDEOCTOGESIMA.

Propositumne tibi est hodie vesperi in theatrum ire? — Immo mihi cras inire propositum est. — Proficiscerisne hodie? — Nunc proficiscor. — Quando litteras ad amicos tuos dare cogitas? — (Cogito litteras ad eos dare) hodie. — Respondentne (Rescribuntne) amici tui litteris tuis (ad litteras tuas)? — Respondent. — Extinguisne ignem? — Non extinguo. — Accenditne servus tuus candelam? — Accendit. — Cogitat hic homo tuum mercium receptaculum succendere? — Cogitat (succendere). — Accipitne servus tuus indusia? — Accipit. — Accipitne tot, quot famulus meus? — Totidem accipit. — Accipisne aliquid hodie (Ecquid hodie accipis)? — Accipio vero nonnihil quotidie. — Ducisne aliquem (Num quem ducis)? — Nullum (neminem) duco. — Quem tu manu ducis (Cui manus das)? — Filium meum manu duco (Ego filio meo manus do). — Quo eum ducis? — Duco eum ad nostros vicinos, ut eos salvere jubeamus (ut eos mane salutemus). — Quid est filius tuus? — Medicus est. — Ducitne famulus tuus aliquem manu? — Manu ducit puerum meum (Manus dat puero meo). — Quem me manu ducere oportet? — Hominem cœcum manu ducere te oportet. — Oportetne ille ducat ægrum? — Oportet (eum ducat). — Quo eum ducat oportet? — Oportet eum ducat domum. — Quorsum ille ducit equum? — In stabulum (eum ducit). — Dasne manus puero (infanti) an homini cœco? — Ambos (utrumque) duco. — Quando peregrinus proficisci cogitat? — (Proficisci cogitat) hodie mane. — Quotā horā? — Mediā horā post primam. — Non hic manere cupit? — Non manere cupit.

80. DICTATA OCTOGESIMA.

Estne frater tuus grandior, quam meus? — Immo non æque grandis est, sed melior, quam tuus. — Estne pileus tuus æque nequam (vilis) ac patris tui? — Immo melior est, sed non æque niger. — Ecquid indusia Italorum tam candida sunt, quam illa Hibernorum? — Candidiora sunt, sed non æque bona (sed minus bona). — Numquid amicorum nostrorum bacula longiora sunt, quam nostra? — Non longiora, sed graviora sunt. — Quibus sunt digitabula pulcherrima? — Francogallis sunt. — Cujus equi formosissimi sunt? — Mei formosi sunt, vestri formosiores quam mei sunt; sed illi amicorum nostrorum formosissimi sunt omnium. — Estne equus tuus bonus? — Bonus quidem est, sed tuus melior est, et Angli equus omnium, qui nobis noti sunt, equorum optimus est. — Habesne calceos bellos? — Bellos quidem habeo, sed frater meus venustiores * habet quam ego. — A quo eos accipit? — Accipit eos ab amico suo optimo (carissimo). — Estne vinum tuum tam bonum, quam meum? — Immo melius est. — Venditne mercator muccinia bona? — Vendit vero omnium, quæ mihi nota sunt, mucciniorum optima. — Habemusne nos plures libros (plus librorum), quam Francogalli? — Plus, quam illi, habemus; sed Germani plures habent quam nos, et Angli omnium plurimos habent. — Estne tibi hortulus pulchrior (Pulchriorne tibi est hortulus), quam ille nostri medici? — Pulchrior (mihi est). — Ecquid Americanus pulchriorem domum habet, quam tu? — Pulchriorem habet. — Nobisne sunt liberi tam formosi, quam vicinis nostris? — Immo nobis formosiores sunt.

* The comparative of *bellus* is wanting. Grammar, page 215.

81. DICTATA UNA ET OCTOGESIMA.

Estne toga tua tam longa quam mea (æque longa ac mea)?
— Immo brevior (minus longa), sed venustior est. — Prodisne
hodie in publicum? — Non, hodie non prodeo. — Quo tempore in publicum prodit frater tuus? — Prodit quadrante horæ
post duodecimam. — Estne hic homo grandior natu quam ille?
— Vero, grandior est, sed ille robustior est. — Uter horum
liberorum melior est? — Ille, qui operam dat litteris, melior
est, quam is, qui ludit. — Everritne tuus servus tam bene
(scienter) quam meus (æque scienter ac meus)? — Immo
melius (scientius), quam tuus, everrit. — Legitne Germanus
tot librorum nequam, quot bonorum? — Immo vero plus bonorum quam nequam (malorum) legit. — Venduntne mercatores
plus sacchari, quam coffeæ? — Plus alterius (ex uno) quam
alterius (ex altero) vendunt. — Conficitne sutor tuus tot caligas quot calceos? — Plus unarum quam alterorum conficit.
— Scis tu nare tam bene, quam filius equitis? — Melius ego
nare scio (possum) quam ille; sed ille melius scit Germanice
loqui, quam ego. — Legitne tam scienter quam tu? — Scientius, quam ego, legit. — Laborasne capitis dolore? — Immo
vero ego aurium doloribus laboro (afficior). — Observat consobrinus tuus ea quæ tu ei dicis (imperas)? — Non observat
(Non curat). — Num quæsitoris tui filius in silvam init? — Non
vero, domi se tenet; pedibus ægrotat. — Discisne tu tam bene,
quam hortulani nostri filius? — Ego melius (scientius), quam
ille, disco, sed ille melius, quam ego, laborat. — Cujus currus
pulcherrimus est? — Tuus pulcher est, sed centurionis pulchrior est, et noster omnium est pulcherrimus. — Numquis
(Ecquis) tam pulchra mala habet, quam pulchra nos habemus (Eccui sunt æque pulchra mala atque nobis)? — Nemo
tam pulchra habet (Æque pulchra sunt nemini).

82. DICTATA ALTERA ET OCTOGESIMA.

Exordirisne (Incipisne) loqui (Facisne initium loquendi *or*
dicendi)? — Vero, exordior (Incipio). — Incipitne frater tuus
linguam Italicam discere? — Incipit (eam discere). — Potesne jam Germanice loqui? — Nondum (Adhuc non) possum;
verum incipio (initium facio). — Num amici nostri jam loqui
incipiunt? — Non adhuc loqui, verum legere incipiunt. —

Facitne pater noster jam initium epistolæ suæ scribendæ? — Nondum (initium) facit. — Potesne jam nare (natare)? *or* Peritusne es jam nandi? — Nondum (possum), sed discere incipio. — Num filius tuus loquitur, priusquam audit? — Immo audit, antequam loquitur. — Auscultatne tibi frater tuus, ante quam loquitur? — Immo vero loquitur ante, quam auscultat. — Ecquid liberi tui legunt prius, quam scribunt? — Immo scribunt, priusquam legunt. — Num servus tuus scopis purgat receptaculum mercium, antequam cubiculum purgat (everrit)? — Immo cubiculum prius, quam mercium receptaculum scopis purgat. — Bibisne (Potasne), antequam in publicum prodis? — In publicum prodeo, antequam bibo. — Lavat consobrinus tuus manus suas, priusquam pedes suos lavat? — Immo vero pedes suos ante, quam manus suas lavat. — Extinguisne ignem (carbones), antequam candelam extinguis? — Ego neque ignem neque candelam extinguo. — Estne tibi propositum (*or* Cogitasne) in publicum prodire, priusquam epistolas tuas scribis? — Immo ego epistolas meas prius scribere cogito, quam in publicum prodeo. — Ecquid filius tuus caligas suas prius pedibus detrahit, quam sibi togam exuit? — Filius meus nec caligas pedibus detrahit, nec togam sibi exuit.

83. DICTATA OCTOGESIMA TERTIA.

Cogitasne brevi (propediem) proficisci? — Cras proficisci cogito. — Loquerisne tam sæpe, quam ego? — Ego minus sæpe loquor, sed frater meus sæpius (frequentius) loquitur quam tu. — Prodeone in publicum æque frequenter ac pater tuus? — Tu minus frequenter (quam ille) prodis; bibit ille autem sæpius, quam tu. — Incipisne cognoscere hunc hominem? — Incipio (eum cognoscere). — Jentatisne bene mane? — Nos quadrante horæ post nonam jentamus (jentaculum sumimus). — Jentatne patruelis tuus maturius, quam tu? — Immo vero serius (tardius) jentat, quam ego. — Quotā horā sumit jentaculum? — Jentaculum sumit horā octavā, et ego mediā horā post sextam. — Non jentas nimio mane (præmature)? — Immo vero nimis sero (post tempus, tardius) jento. — Sumitne pater tuus jentaculum suum tam bene mane, quam tu? — Immo serius (tardius), quam ego, jentat. — Concluditnĕ epistolas suas prius, quam jentaculum sumit? — Immo vero jentaculum sumit ante, quam eas concludit. — Estne pileus tuus nimis magnus (amplus)? — Neque nimis amplus, neque nimis parvus est. — Num hortulanus noster jentat prius, quam in hortum init? — Immo in hortum init ante, quam jentat (jentaculum sumit). — Ecquid tu legis Francogallice tam sæpe, quam Germanice? — Immo ego Francogallice lego sæpius, quam Germanice. — Numquid nimis (nimium) loquitur medicus? — Non satis loquitur. — Potantne Germani nimis (nimium) vini? — Immo vero non satis ejus potant (bibunt). — Potantne plus cerevisiæ, quam vini ex malis confecti? — Plus alterius (ex altero) quam illius (ex illo) potant (bibunt). — Estne vobis multum pecuniæ? — Non est nobis ejus satis. — Habentne consobrini tui multum frumenti? — Paulum tantum habent, sed tamen satis. — Reliquumne vobis est multum vini adusti? — Non est nobis multum ejus reliquum. — Habesne tam multas mensas, quam multas sellas? — Ego tam multas alterarum quam multas illarum habeo. — Accipitne amicus tuus tot epistolarum (epistolas), quot scidularum (scidulas)? — Immo plus (plures) harum quam (illarum) accipit. — Numquid concludis ante, quam incipis? — Necesse est incipiam prius, quam concludo.

84. DICTATA OCTOGESIMA QUARTA.

Estne lingua Anglica locupletior, quam lingua Francogallica? — Est vero locupletior. — Num tam locuples est, quam (æque locuples est ac) lingua Græca (Græcorum)? — Non tam (æque) locuples est; minus locuples atque minus flexibilis est, quam Græca. — Quæ linguarum omnium est locupletissima? — Nulla linguarum locupletior est, quam Græca. — Ecquid præstantius est auro (quam aurum)? — Vero, virtutes multo præstantiores sunt. — Numquid in homine est ratione divinius? — Nihil divinius est vel pulchrius. — Ecqua (Numqua) species pulchrior esse potest humanā (quam humana)? — Nulla species vel figura pulchrior esse potest. — Quid in homine magno laudabilius est clementiā (quam clementia)? — Nihil est laudabilius. — Estne amicus tuus doctior fratre suo (quam frater ejus est)? — Est quidem multo doctior, sed non æque bonus — Doctiorne est vicino nostro (quam vicinus noster)? — Immo non tam (æque) doctus est (Minus doctus est). — Quis Romanorum fuit eloquentissimus? — Romanorum oratorum eloquentissimus fuit Cicero. — Favesne alicui (Num cui faves) magis, quam mihi? — Ego nemini magis, quam tibi, faveo. — Amarisne tantum a patre tuo, quantum ab amico tuo? — Immo ego magis (plus) ab illo amor, quam ab altero. — Estne homo ille altero inferior (inferior quam alter)? — Non inferior est. — Numquid aliud libertate quærimus? — Nihil aliud quærimus. — Estne vicinus noster felix ante alios (aliis felicior)? — Minus felix est. — Quis beatior nobis est (Quis præ nobis beatus est)? — Nemo. — Debetne patria (nostra) nobis esse æque cara, ac liberi nostri? — Debet nobis esse non minus cara. — Quantum pecuniæ tibi reliquum est? — Reliquum mihi est plus tertia pars. — Quantum fratri tuo reliquum est? — Reliqui ei sunt minus decem thaleri. — Quot sumus? — Plus quinquaginta sumus.

85. DICTATA OCTOGESIMA QUINTA.

Ubi tu fuisti? — In foro fui. — Interfuistine saltationi? — Interfui. — Adfuine ego spectaculo? — Adfuisti (Interfuisti). — Tune interfuisti? — Ego non interfui. — Unquamne in theatro fuit consobrinus tuus? — Nunquam ibi fuit. — Fuistine jam in campo (loco publico)? — Nunquam ego ibi fui. — Cogitasne eo ire? — Cogito (eo ire). — Quando eo ire vis? — Cras eo ire volo. — Quotâ horâ? — Horâ duodecimâ. — Fuitne filius jam in hortis meis magnis? — Nondum ibi fuit. — Propositumne est ei eos videre? — Propositum ei est (eos videre). — Quo tempore eo ire vult? — (Ire eo vult) hodie. — Cogitatne hodie vesperi saltatum ire? — Cogitat eo ire. — Adfuistine jam saltationi? — Nondum adfui. — Quando (eo) ire cogitas? — Cras (ire cogito). — Fuistine jam in conclavi Angli? — Nondum infui. — Fuistine in cubiculis meis? — Infui. — Quo tempore (Quando) ibi infuisti? — (Infui ibi) hodie mane. — In tuone ego fui cubiculo an in illo amici tui (Fuine in tuo cubiculo an, &c.)? — Tu neque in meo neque in illo amici mei fuisti, verum in illo Itali.

86. DICTATA OCTOGESIMA SEXTA.

Utrum Batavus in nostris cellis penariis fuit an in illis Anglorum? — Fuit neque in nostris neque in illis Anglorum, verum in illis Italorum. — Fuistine jam in foro? — Ego ibi nondum fui, sed (tamen) eo ire cogito. — Fuitne ibi quæsito-

ris nostri filius? — Fuit. — Quando (Quo tempore) ibi fuit?
— (Ibi fuit) hodie (hodierno tempore). — Cogitatne filius
vicini nostri ad forum ire? — Cogitat vero (eo ire). — Quid
ibi emere vult? — Emere ibi vult gallinas (pullos gallinaceos),
boves, caseum, cervisiam et vinum ex malis confectum. —
Fuistine jam in domo patruelis mei? — Jam fui. — Num amicus tuus jam ibi fuit? — Nondum (ibi) fuit. — Nosne jam in
domo amici nostri fuimus? — Nondum ibi fuimus. — Unquamne (En unquam) domo nostrā fuerunt amici nostri? — Nunquam (ibi) fuerunt. — Tun' unquam in theatro fuisti? — Nunquam ego infui. — Estne tibi voluntas epistolæ scribendæ?
— Est (mihi voluntas unius scribendæ). — Ad quem litteras
dare (mittere) vis? — Ad filium meum (litteras dare volo).
— Fuitne pater tuus jam ruri? — Nondum (non adhuc) fuit;
sed eo ire cogitat. — Cogitatne eo ire hodie? — Immo cras eo
ire cogitat. — Quotā horā proficisci vult (cogitat)? — Mediā
horā post sextam proficisci vult (cogitat). — Cogitatne proficisci (Num proficisci cogitat) ante, quam jentaculum sumit?
— Immo jentaculum prius sumere cogitat, quam proficiscitur.
— Fuistine alicubi (Ecquo loco fuisti)? — Nusquam fui.

87. DICTATA OCTOGESIMA SEPTIMA.

Habuistine (Tenuistine) meum digitabulum? — Habui
(Tenui). — Habuistine muccinium meum? — Non habui. —
An umbraculum meum habuisti? — Non habui. — Fuitne
tibi culter meus pulcher? — Fuit. — Quando tibi fuit? — Heri (mihi fuit). — Habuine ego tua digitabula? — Habuisti. —
Ecquid frater tuus malleum meum ligneum habuit? — Habuit. — Num tæniam meam auream habuit? — Non habuit. —
Habueruntne (Tenueruntne) Angli navem meam bonam? —
Habuerunt (Tenuerunt). — Quis tibialia mea lintea habuit?
— Servi tui ea habuerunt. — Tenuimus nos ferreum vicini
nostri boni riscum? — Tenuimus. — Num nos pilentum ejus
pulchrum tenuimus? — Non tenuimus. — Habuimusne mensas peregrinorum lapideas? — Non habuimus. — Habuimusne crus ligneum Hiberni? — Non habuimus. — Habuitne Americanus opus meum bonum? — Habuit. — Num cultrum meum argenteum habuit? — Non habuit. — Habuitne
juvenis primum operis mei tomum? — Non primum, verum
alterum habuit. — Habuitne eum? — Etiam, domine, eum
habuit. — Quando eum habuit? — (Habuit eum) hodie mane.

— Fuitne tibi saccharum? — Fuit. — Fuitne mihi charta bona? — Fuit. — Habuitne nauta vinum adustum? — Habuit. — Tun' aliquantum habuisti (Ecquid tu habuisti)? — Nihil (*or* non) habui. — Laboravistine capitis dolore? — Immo vero dentium doloribus laboravi. — Fuitne tibi aliquid boni (bonum)? — Fuit mihi vero nihil mali. — Fuitne heri locus saltationi? — Fuit. — Quo tempore locus est (*or* datur) saltationi? — (Locus ei datur) hodie vesperi.

88. DICTATA DUODENONAGESIMA.

Habuitne Germanus bonam cervisiam? — Habuit (nonnullum). — Fueruntne tibi panificia magna? — Fuerunt. — Ecquæ (Numquæ) fratri tuo fuerunt? — Non (*or* Nulla) fuerunt. — Habuitne hortulani nostri filius farinam? — Vero, habuit. — Habuerunt Poloni bonum tabacum? — Habuerunt. — Quid tabaci (Quale tabacum) habuerunt? — Tabacum fumarium et tabacum sternutatorium habuerunt. — Fuitne Anglis tantum sacchari, quantum theæ? — Fuit iis tantum unius, quantum alterius. — Verene locutus est medicus? — Immo erravit. — Locutusne est Batavus recte an erravit? — Nunquam ille neque recte locutus est neque erravit. — Numquid mihi mel emere non licuit (Fuitne mihi nefas mel emere)? — Emere tibi non licuit (Nefas fuit tibi emere). — Quid tenuit patruelis tuus? — Caligas tuas et calceos tuos tenuit. — Habuitne buccellata mea bona? — (En) non habuit. — Quid habuit Hispanus? — Nihil habuit. — Quis fortitudinem habuit? — Angli (nonnullam) habuerunt. — Fueruntne Anglis multi amici? — Fuerunt vero iis multi. — Num nobis (Nobisne) multi inimici fuerunt? — Non multi fuerunt. — Fueruntne nobis plus amicorum quam hostium (inimicorum)? — Immo nobis plures (plus) fuerunt horum quam illorum. — Habuitne filius tuus plus vini quam carnis? — Immo plus hujus (de hacce) quam illius (de illo) habuit. — Fuitne Turcæ plus piperis quam frumenti? — Vero, plus alterius, quam alterius habuit. — Numquid pictor habuit? — Nihil habuit.

89. DICTATA UNDENONAGESIMA.

Quoties tu librum illum legisti? — Bis. — Numquid hominem istum unquam audivisti? — Ego eum nunquam audivi.

— Tun' eum interdum audiisti? — Vero, eum nonnunquam audivi. — Isne tu nonnunquam in theatrum? — Vero, ego interdum ineo. — Ivitne frater tuus saltatum? — Ivit. — Ivitne saltatum toties, quoties tu (ivisti)? — Sæpius ivit, quam ego. — Is tu interdum in hortos? — Inivi vero antehac sexcenties (iterum ac sæpius). — Itne coquus tuus vetulus interdum in forum? — Vero, eo it iterum ac sæpius. — Ivit eo nudius tertius. — Ivistine saltatum sæpius, quam fratres tui? — Ego sæpius ivi, quam illi. — Interfuit consobrinus tuus sæpe spectaculo? — Non uno tempore interfuit (Interfuit vero diversis temporibus). — Esurivistine interdum? — Ego vero sæpe esurivi (esurii). — Sæpene sitiit famulus tuus (Sitivitne famulus tuus sæpe)? — Immo vero nunquam neque esurivit (esuriit) neque sitivit (sitiit). — Ivistine ad mature spectaculum? — Immo eo tardius ivi. — Ivi ego saltatum æque mature ac tu? — Maturius tu ivisti quam ego. — Ivitne frater tuus eo tardius (post tempus)? — Immo vero maturius (nimis mature) ivit. — Numquid fratres tui habuerunt? — Nihil habuerunt. — Quis marsupium et pecuniam meam habuit? — Servus tuus utrumque habuit. — Habuitne baculum meum an pileum meum? — Utrumque (ambo) habuit. — Utrum equum meum habuisti, an fratris mei? — Ego neque tuum neque fratris tui habui. — Utrum ego schedulam tuam habui an illam medici? — Utramque (utrasque *or* ambas) habuisti. — Quid habuit medicus? — Nihil habuit. — Ecquis (Numquis) candelabrum meum aureum habuit? — Nemo habuit. — Quando tu saltationi interfuisti? — Interfui heri vesperi. — Num quem ibi invenisti? — Nullum (Neminem) inveni.

90. DICTATA NONAGESIMA.

Quam ob rem (Cur) puer ille laudatus est? — Laudatus est, quia (quod) litteris bene studuit. — Ecquid tu aliquando laudatus es? — Vero, ego sæpe laudatus sum. — Cur puer ille alter punitus est (pœnā affectus est)? — Punitus est (pœnā affectus est), quia nequam ignavusque fuit. — Estne puer iste (hicce) præmio ornatus? — Vero, ornatus est, quia bene laboravit. — Quando homo ille punitus est (pœnā affectus est)? — Punitus est nudius tertius. — Quam ob rem nos æstimati sumus (magni facti sumus)? — Quia studiosi et obedientes fuimus. — Cur (Quam ob rem) homines isti in odio fuerunt? — Quia minus (= non) obedientes fuerunt (fuere). — A quo scopis purgatum est cubiculum? — Purgatum est a servo tuo. — Quoties purgatum (eversum) est? — (Purgatum or eversum est) bis. — Lectusne est liber tuus toties, quoties meus? — Sæpius quam tuus lectus est. — Cur liber ille combustus est? — Quia nequam fuit. — Jussusne es tu scribere? — Non scribere, verum dicere (loqui) jussus sum. — Quo missus est juvenis? — Rus missus est. — A quo tu eruditus es? — Eruditus sum a parentibus et magistris meis. — Laceratusne est liber ab aliquo? — Vero, laceratus est a liberis nostris. — Lotane sunt indusia nostra? — Nondum lota sunt. — Quando fracta sunt vasa vitrea nostra? — (Fracta sunt) heri. — Punitusne tu es tam severe, quam ego? — Immo ego severius punitus sum, quam tu. — A quo scriptæ sunt hæ epistolæ? — Scriptæ sunt ab inimicis nostris. — Ecquid amicus noster a magistris suis amatus (dilectus) est? — Vero, amatus et laudatus ab iis est, quia assiduus et bene moratus fuit; frater ejus autem a suis despicatui habitus est, quia nequam et ignavus fuit.

91. DICTATA UNA ET NONAGESIMA.

Quid ex (de) amico nostro factum est? — Factus est jurisconsultus (causidicus). — Quid de consobrino nostro factum est (Quid factus est consobrinus noster)? — Factus est miles (Relatus est inter milites). — Factusne est ægrotus patruus tuus (Inciditne in morbum patruus tuus)? — Factus est ægrotus, et ego in locum ejus successi (ego muneris ejus factus sum successor). — Cur hic homo non laboravit? — Laborare non potuit (or nequivit), quia in morbum incidit. — Convaluitne (Estne factus sanus)? — Convaluit (Factus est sanus). — Quid de eo factum est? — Factus est mercator. — Quid de liberis ejus factum est? — Liberi ejus facti sunt adulti. — Quid ex filio tuo factum est? — Vir magnus factus est. — Factusne est doctus? — Factus est doctus. — Quid de libro meo factum est? — Haud scio (or Nescio), quid de eo factum sit. — Num (eum) laceravisti? — Non laceravi. — Quid ex vicino nostro factum est? — Non scio (Nescio), quid ex eo factum sit. — Quando pater tuus profectus est? — Profectus est heri. — Profecti jam sunt amici nostri? — Nondum profecti sunt. — Ad quem (or Quocum) locutus es? — Ego ad vicinum meum (cum vicino meo) locutus sum. — Numquis ad viros illos locutus est? — Nemo ad eos locutus est. — Cujus pecuniam largiti sunt? — Largiti sunt pecuniam suam (propriam). — Hortatusne est te aliquis (Ecquis te hortatus est)? — Magister meus me hortatus est. — Num frater tuus principatum consecutus est? — Non consecutus est. — Tun' cuiquam blanditus es (Blanditusne es alicui)? — Nunquam ego cuiquam blandior. — Blandiunturne nobis inimici nostri? — Vero, nobis blandiuntur. — Mansitne (Tenuitne se) pater tuus domi? — Mansit (se tenuit). — Tenuitne se domi heri (hesterno tempore)? — Se non domi tenuit. — Solitusne es in theatrum ire? — Non solitus sum inire. — In cujus locum successit frater tuus? — In patris (sui) locum successit (Factus est successor paterni muneris).

92. DICTATA ALTERA ET NONAGESIMA.

Habesne, quod facias (Ecquid tibi faciendum est)? — Nihil (Non) habeo, quod faciam (Non est mihi quidquam faciendum). — Quid faciendum habet frater tuus (Quid est fratri tuo faciendum)? — Litteras scribendas habet (Scribendæ sunt ei litteræ). — Quid tu fecisti? — Ego nihil feci. — Ecquid ego feci? — Vero, vestes meas laceravisti (lacerasti). — Quid liberi tui fecerunt? — Laceraverunt (Laceravere) libros suos bonos. — Quid fecemus nos? — Vos nihil fecistis, sed fratres vestri sellas meas pulchras combusserunt (combussere). — Confecitne jam sartor togam tuam? — Nondum confecit. — Confecitne jam sutor caligas tuas? — Vero, jam confecit. — Num tu interdum pileum confecisti? — Nunquam ego ullum confeci. — Confecistine jam marsupium tuum? — Nondum (haud dum) confeci. — Ecquid vicini nostri aliquando libros confecerunt? — Confecerunt vero quondam (olim) quosdam. — Quot togas confecit sartor tuus? — Confecit earum triginta vel quadraginta. — Utrum togas confecit bonas an nequam? — Et bonas et nequam confecit (Nequam non minus quam bonas confecit). — Detraxitne pater noster pileum capiti (Nudavitne pater noster caput)? — Detraxit (Nudavit). — Exuerunt sibi fratres tui togas? — Exuerunt (Exuere). — Utrum pedibus detraxit medicus tibialia sua an calceos suos? — Non pedibus detraxit neque una neque alteros. — Quid abstulit (sustulit) ille? — Nihil abstulit, detraxit autem pileum suum magnum capiti. — Quis tibi dixit hoc? — Famulus meus (dixit). — Quid tibi dixit patruelis tuus? — Mihi nihil dixit.

— Quis vicino tuo dixit hoc? — Angli ei (hoc) dixerunt. — Esne tu (Tun' es) frater adolescentis illius (*or dat.*, adolesti illi)? — Sum vero. — Ecquid puer ille filius tuus est? — Est. — Quot tibi liberi sunt? — Mihi non sunt nisi duo (Duos tantum habeo). — Ivitne quæsitor in forum? — Non inivit (iniit). — Estne ægrotus? — Est. — Ego ægrotus sum? — Non es. — Esne tu tam grandis, quam ego (æque grandis atque ego)? — Sum. — Ecquid amici tui tam divites sunt, quam se esse dicunt? — Sunt vero. — Esne tu æque fessus, ac frater tuus? — Immo ego magis fessus sum (præter eum fessus sum).

93. DICTATA NONAGESIMA TERTIA.

Venistine questum? — Non ego questum veni; sciscitatum et congratulatum veni. — Missine sunt illi spectatum? — Missi sunt spectatum et congratulatum. — Redivitne (Rediitne) bellatum? — Immo vero pacem petitum rediit. — Locutusne es patri meo (ad patrem meum)? — Locutus sum (ad eum *or* ei). — Quando tu ad eum locutus es? — Nudius tertius ad eum locutus sum. — Esne tu interdum cum Turcā locutus? — Nunquam ego cum eo locutus sum. — Quoties tu ad centurionem locutus es? — Ego sexies ad eum locutus sum. — Num eques unquam tecum locutus est? — Nunquam mecum collocutus est. — An tu cum filio ejus sæpe locutus es? — Sæpe cum eo collocutus sum. — Sæpiusne tu cum eo locutus es, quam nos? — Immo ego minus frequenter cum eo locutus sum, quam vos. — Ad quem filiorum equitis locutus es? — Locutus sum ad minimum natu. — Ad quos homines locutus est frater tuus? — Locutus est ad hosce. — Quid filius hortulani tui secuit? — Arbores secuit. — Messuitne (*or* Secuitne) frumentum? — Messuit (Secuit). — Messuitne (Secuitne) tantum fœni quantum frumenti? — Messuit vero tantum de altero, quantum de altero. — Sustulistine meum cultrum? — Sustuli. — Quid vos sustulistis? — Nihil sustulimus. — Num quid combussistis? — Nihil quidquam combussimus. — Num tænias meas pulchras combussisti? — Ego eas non combussi. — Quos libros combussit Græcus? — Suos (proprios) combussit. — Quas naves combussere Hispani? — Nullas naves combusserunt. — Tun' chartam combussisti? — Non combussi. — Num medicus schedulas aliquas combussit? — Non (Nullas) combussit. — Aususne es pileum meum comburere? — (Comburere eum) ausus sum.

— Quando eum combussisti? — Ego eum heri combussi. — Ubi eum combussisti? — (Ego eum) in conclavi meo (combussi). — Quis indusium suum laceravit? — Deformis vicini nostri puer eum laceravit. — Ecquis (Numquis) libros tuos laceravit? — Nemo eos laceravit. — Fasne est hoc facere? — Immo nefas est. — Estne mirabile dictu? — Est vero permirabile. — Quid est optimum factu? — Optimum est proficisci. — Quid est tam jucundum cognitu atque auditu, quam lingua Latina? — Nihil est jucundius. — Quid ille ausus est? — Non est dictu dignum, quod ausus est (Nihil dictu dignum ausus est).

94. DICTATA NONAGESIMA QUARTA.

Bibistine vinum (Ecquid tu vinum bibisti)? — Bibi, vero. — Multumne ejus bibisti? — Immo ego pauxillum tantum bibi. — Ecquid tu cervisiam bibisti? — Bibi. — Bibitne frater tuus multum vini ex malis confecti? — Non multum ejus bibit, sed tamen satis. — Quando vinum (de vino) bibisti? — Bibi aliquantum heri et hodie. — Portavitne (Tulitne) servus epistolam? — Quo portavit (tulit) eam? — Portavit eam ad amicum tuum. — Attulistisne (Apportavistisne) nobis mala? — Vero, attulimus (apportavimus) vobis nonnulla. — Quot mala nobis apportavistis? — Apportavimus vobis (eorum) viginti quinque. — Quando tu ea attulisti? — Ego ea hodie mane attuli. — Quotā horā? — Dodrante horæ post septimam. — Misistine tu puerculum tuum ad forum? — Vero, eum eo misi. — Quo tempore tu eum illuc misisti? — Hodie vesperi. — Dedistine litteras ad patrem tuum? — Dedi (litteras ad eum). — Rescripsitne tibi (Ecquid ad litteras tuas rescripsit)? — Nondum rescripsit. — Unquamne tu litteras ad medicum misisti (dedisti)? — Nunquam misi (dedi). — Deditne ille nonnunquam litteras ad te? — Sæpe dedit. — Quid tibi (ad te) scripsit? — Scripsit mihi (ad me) quiddam. — Ecquid amici tui aliquando litteras miserunt (dedere) ad te? — Vero, frequenter miserunt. — Quoties ad te litteras dederunt? — Litteras ad me dederunt plus tricies. — Vidistine unquam filium meum? — Ego eum nunquam vidi. — Viditne aliquando te? — Vero, me sæpe vidit. — Vidistine tu aliquando homines Græcos? — Ego frequenter vidi. — Vidistine jam Syrum aliquem? — Vidi vero jam unum. — Ubi unum vidisti? — In theatro. — Ecquid fratri meo librum dedisti? — Dedi. —

Dedistine mercatori pecuniam? — Dedi ei nonnullam. — Quantam ei dedisti? — Dedi ei quindecim thaleros. — Dedistine liberis vicinorum nostrorum bonorum tænias aureas? — Dedi iis aliquot. — Visne panem dare pauperi? — Dedi ei jam aliquantulum. — Visne mihi vinum dare? — Dedi tibi jam aliquantum. — Quando mihi dedisti? — Olim (tibi dedi). — Ecquid mihi nunc dare vis? — Dare tibi nequeo (non possum).

95. DICTATA NONAGESIMA QUINTA.

Commodavitne tibi Americanus pecuniam? — Commodavit. — Ecquid tibi sæpe commodavit? — Commodavit mihi non uno tempore (nonnunquam, interdum). — Quando tibi commodavit? — Commodavit mihi olim (quondam) aliquantum. — Num Italus tibi aliquando pecuniam commodavit? — Nunquam (mihi) commodavit. — Estne egenus (pauper)? — Pauper non est; divitior est te (quam tu). — Visne mihi unum thalerum commodare? — Immo tibi duo commodare non nolo. — Venitne puer tuum ad meum? — Venit (ad eum). — Quando? — Hodie mane. — Quo tempore? — Primâ luce. — Venitne maturius, quam ego? — Quotâ horâ tu venisti? — Ego mediâ horâ post quintam veni. — Maturius ergo ille venit, quam tu. — Quo ivit frater tuus? — Saltatum ivit. — Quando (eo) ivit? — Ivit (eo) nudius tertius. — Datusne est locus saltationi? — Datus est. — Habuitne locum sero? — Immo mature locum habuit. — Quotâ horâ? — Mediâ nocte. — Discitne frater tuus scribere (*or* artem scribendi)? — Vero, discit. — Scitne jam litteras (*or* legere)? — Nondum scit (legere). — Didicistine aliquando linguam Germanicam? — Didici vero olim (quondam), sed tamen ejus non sciens sum. — Didicitne pater tuus unquam linguam Francogallicam? — Nunquam didicit. — Discitne eam in præsentiâ (nunc)? — Discit. — Novistine tu Anglum, quem ego novi? — Quem tu novisti, ego non novi; novi autem alium. — Ecquid amicus tuus novit eundem equitem, quem ego novi (cognovi)? — Non eundem novit, verum alios. — Num tibi (Tibine) noti fuerunt iidem homines, qui mihi noti fuerunt? — Non mihi noti fuerunt iidem, verum alii. — Curavistine aliquando (nonnunquam) togam tuam reficiendam? — Curavi (eam nonnunquam reficiendam). — Jussistine jam caligas tuas reparari (refici)? — Nondum (eas) reparari jussi. — Jussitne nonnunquam consobrinus tuus tibialia sua reparari (Curavitne, &c., tibialia sua reparanda)? — Vero, reparari ea jussit pluribus temporibus. — Utrum tu reficiendum curasti pileum tuum an calceum tuum? — Ego neque alterum neque illum reficiendum curavi. — Curavistine lavanda mea focalia an mea indusia? — Ego neque una neque altera lavanda curavit. — Quid tibialium (Quæ tibialia) lavari jussisti? — Lavari jussi tibialia lintea. — Jussitne pater tuus unam mensam confici? — Jussit unam confici. — Tune aliquid conficiendum curavisti (curasti)? — Nihil ego conficiendum curavi.

96. DICTATA NONAGESIMA SEXTA.

Esne amaturus? — Amaturus sum. — Illine lecturi sunt (Num illi lecturi sunt, *or* Lecturine sunt illi, *or* Suntne illi lecturi)? — Non sunt lecturi; scripturi sunt. — Disciturine sumus linguam Latinam (litteras Latinas)? — Discituri sumus. — Lecturusne fuisti librum, quem ego tibi commodavi? — Lecturus fui. — Fueruntne fenestram aperturi? — Fuerunt eam aperturi. — Estne ille libros suos venditurus? — (Eos) non venditurus est. — Num ego (Egone) in theatrum sum iturus? — Non es initurus. — Fuitne tibi pecuniam daturus? — Fuit mihi nonnullum ejus daturus. — Venturusne fuit medicus? — Vero, venturus fuit. — Esne (tu) amandus? — Amandus sum. — Cui amandus est puerculus tuus? — Amandus est parentibus suis et magistris. — Legendane est epistola (Estne epistola legenda)? — Legenda est. — Cui? — Legenda est amicis ejus et vicinis. — Estne ignis accendendus (Accendendusne est ignis, *or* Ignisne accendendus est, *or* Num accendendus est ignis, &c.)? — Non est accendendus; extinguendus est. — Estne tibi proficiscendum? — Est mihi proficiscendum. — Quando ei fuit proficiscendum? — (Proficiscendum ei fuit) hodie mane. — Eundumne tibi est in hortos? — Non est mihi ineundum. — Ecquid nobis nunc jentandum est (Estne nobis nunc jentandum)? — Nondum nobis jentandum est. — Quid nobis faciendum est? — Loquendum est nobis Latine, et mittendæ (dandæ) sunt nobis epistolæ (litteræ) ad amicos nostros.

97. DICTATA NONAGESIMA SEPTIMA.

Vidistine aliquem scribentem (scribere)? — Vidi vero patrem meum juxta carbones scribentem et legentem (scribere et legere). — Audieruntne nos loquentes (loqui)? or Num nos loquentes audiverunt? — Non audierunt. — Ubi (tu) amicum nostrum vidisti? — Vidi eum stantem juxta fenestram. — Ubi fuit puerculus tuus heri vesperi? — Fuit in cubiculo suo, librum legens, quem ei dedisti. — Estne servus noster in agris? — Non, in hortis est arbores secans. — Habetne fenestram apertam? — Immo vero eam clausam habet. — Visne te excusatum? — Volo (me excusatum). — Visne missos facere honores? — Missos facere non possum (non queo). — Perfidiam nonne perspectam habes? — Perspectam habeo. — Deditne tibi epistolam legendam? — Dedit. — Cui dedisti indusia lavanda? — Dedi ea servo meo. — Num nobis commodaverunt libros discindendos? — Immo eos nobis legendos et memoriâ tenendos commodaverunt. — Visne mittere mihi digitabula tua reficienda? — Mittere tibi nolo. — Accepitne sartor togas reficiendas (reparandas)? — Vero, togas et indusia reficienda accepit. — Ubi pileum tuum reparandum reliquisti? — Ego eum apud pileorum opificem reliqui. — Venitne peregrinus (hospes) ad nos (domum nostram)? — Vero, venit allaturus tibi tabacum, quod de eo emisti. — Utrum illud evenit ante urbem conditam, an post (postea)? — Postea (post) evenit. — Vixitne Socrates post Christum natum (Num Socrates post Ch. nat. vixit)? — Immo vero ante vixit. — Ornatusne est frater tuus præmio? — Immo vero pœnâ meritâ affectus est. — Ecquid venientes nautas vides (conspicis)? — Non venientes, verum abeuntes eos video. — Ubi tu digitabula tua invenisti? — Ego ea super mensâ posita (jacentia) inveni. — Invenistine vicinum tuum ad focum sedentem? — Non, eum in hortis suis ambulantem inveni.

98. DICTATA DUODECENTESIMA.

Legebatne (Ecquid ille legebat)? — Legebat. — Quotâ (Quâ) horâ? — Legebat hodie mane inter horam septimam et octavam. — Scribebasne (Ecquid scribebas), quum ego domum venirem (veni, veniebam)? — Scribebam vero epistolam ad fratrem meum. — Dabatne operam litteris, quum ego in publicum prodirem (prodivi) ? — Non operam ille dabat litteris, quum tu in publicum prodires, sed quum in theatro esses. — Numquid tu laborabas, quum ego ludebam (luderem) ? — Immo ego ludebam, quum tu laborabas (laborares). — Quo tempore ille litteras (epistolam) scribebat ? — Scribebat eas mediā nocte. — Convalescebatne eo tempore, quum eum vidisti ? — Non convalescebat. — Ubi eras tum, quum ego medicum arcesserem (arcessebam) ? — In hortis meis eram. — Aperiebasne fenestram, quum ego præteribam ? — Aperiebam. — Num liberi frangebant vasa vitrea nostra ? — Non frangebant. — Quid faciebas tum, quum ego domum ibam (irem) ? — Librum, quem noster amicus mihi commodavit, legebam. — Quid dixit frater tuus, quum cubiculum ejus intrares ? — Nihil dixit. — Intererasne (Aderasne) saltationi ? — Non intereram (aderam). — Eratne puer diligens ? — Erat vero non minus diligens, quam bene moratus. — Poteratne domo exire hodie mane ? — Non *poterat (Non quibat *or* Nequibat). — Domine eras (Tune domi eras), quum (ego) pecuniam meam acciperem ? — Domi non eram. — Cupiebatne patrem suum videre ? — Videre eum valde cupiebat. — Calefiebatne coffea ? — Non calefiebat. — Volebatne linguam Latinam (litteras Latinas) discere ? — Facere nolebat. — Quis edebat ? — Vicinus noster edebat et bibebat (potabat). — Venitne, ut te videret ? — Venit, ut me videret, et (ut) mihi librum novum daret. — Habebasne, quod ad amicum tuum scriberes, cum ruri esses ? — Habebam vero multa, quæ ad eum scriberem. — Habesne nihil (Non habes), quod edas, hodie mane ? — Nihil habeo. — Scribebantne æque bene ac (tam bene quam) dixerunt ? — Immo melius scribebant (scribere solebant). — Loquebarisne Francogallice, quum Lutetiæ esses ? — Vero, (et) Francogallice et Latine loquebar.

99. DICTATA UNDECENTESIMA.

Eratne tibi propositum linguam Anglicam discere (Cogitavistine ling. Angl. discere) ? — Erat mihi propositum (eam discere), sed non potui invenire bonum magistrum. — Cogitabatne frater tuus currum emere ? — Cogitabat quidem unum emere, carebat autem pecuniā. — Cur tu laborabas ? — Laborabam, ut linguam Latinam (litteras Latinas *or* Latine) discerem. — Quam ob rem tu hominem illum amabas (diligebas) ? — Eum amabam, quia (quod) me amabat. — Ecquid jam filium centurionis vidisti? — Vero, eum jam vidi. — Loquebaturne Anglice? — Immo vero Græce et Latine loquebatur. — Ubinam eras (fuisti) eo tempore? — In Italiâ eram. — Quem hortabatur magister? — Discipulos suos hortabatur. — Ecquid non diligentes habebantur? — Non, segnes et nequam habebantur. — Num tu rus ire jubebaris? — Non jubebar eo ire. — Quando mittebatur epistola? — Mittebatur heri (hesterno tempore). — Aperiebaturne fenestra (tum), quum nos præteribamus (præteriremus). — Aperiebatur. — Audiebaturne magister, quum loqueretur (loquebatur)? — Vero, audiebatur, quum clarâ voce loqueretur (loquebatur). — Quam ob rem puer pœnâ est affectus (or afficiebatur)? — Pœnâ affectus est, quia negligens nequamque erat. — Potuistine (Poterasne) amicos tuos tueri? — Non potui (Non poteram or Nequibam) eos tueri. — Ecquid blandiri tibi solebant? — Solebant (mihi blandiri). — Num tu venisti, ut mihi blandireris? — Non vero, veni, ut tecum colloquerer. — Vivitne amici tui frater etiamnunc? — Vivit vero (Vitâ fruitur or In vitâ est) etiamnunc. — Num parentes tui vitâ fruuntur (in vitâ sunt) etiamnunc? — Vitâ non amplius fruuntur. — Eratne frater tuus in vitâ (Vivebatne frater tuus) etiam tum, quum tu in Germaniâ esses? — In vitâ erat (Vivebat) non amplius. — Dormiebasne etiam tum (tunc), quum ego hodie mane veniebam (venirem)? — Dormiebam non amplius. — Loquebaturne magister tuus clare (clarâ voce)? or Solebatne magister tuus clarâ voce loqui? — Clarâ voce (solebat). — Solesne clare loqui, quum litteris Latinis operam das? — Soleo. — Advenitne tandem consobrinus tuus? — Avenit tandem. — Discisne tandem linguam Francogallicam? — Vero, tandem disco. — Quid post sumptum jentaculum facere soles? — Simul ac (Simul ut) jentavi (jentaculum sumpsi), ego litteras meas scribere incipio. — Ego, simul ac caput meum nudavi, vestes (vestimenta) mihi exuo. — Bibisne (Potasne), simul ac cibum sumpsisti? — Bibo. — Quid egerunt (fecerunt) illi post sumptum cibum vespertinum? — Postea dormierunt (dormiere).

100. DICTATA CENTESIMA.

Promisistine aliquid (Ecquid or Numquid pollicitus es)? — Nihil promisi (pollicitus sum). — Ecquid mihi das, quod promisisti? — Do vero. — Multumne tu pecuniæ accepisti? —

Pauxillum tantum accepi. — Quantum ejus accepisti? — Unum solum thalerum accepi. — Quo tempore epistolam tuam accepisti? — Hodie (accepi). — Numquid accepisti? — Nihil quidquam accepi. — Pollicerisne mihi, te ad saltationem venturum (esse)? — Polliceor me venturum. — Daturne locus saltationi hodie vesperi? — Datur. — Quantam pecuniam dedisti filio meo? — Dedi ei quindecim thaleros. — Non tu ei amplius (plus) promisisti? — Immo (ei) dedi, quantum ei promisi. — Num inimici nostri pecuniam suam acceperunt? — Non acceperunt (accepere). — Habesne signatam Romanorum signo pecuniam? — Habeo. — Quid nummorum habes? — Ego asses, sestertios, denarios et aureos habeo. — Ex quot assibus efficitur sestertius? — Ex quattuor. — Quam valorem habet aureus? — Aureus centum sestertiis valet (Aureus valorem habet centum sestertium). — Estne tibi pecunia Germanorum signo signata? — Vero, sunt mihi thaleri (imperiales), floreni, kreutzeri, grossi et oboli. — Quot grossos continet florenus? — Florenus grossorum sexdecim vel kreutzerorum sexaginta continet (Florenus ex sedecim grossis vel sexaginta kreutzeris efficitur). — Suntne tibi aliquot oboli? — Sunt mihi eorum aliquot. — Ex quot obolis efficitur drachma (Quot obolorum continet drachma)? — Drachma ex sex obolis efficitur (Drachma obolorum sex continet). — Mina argenti Græcorum valorem habet eandem cum denario Romanorum. — Ex quot minis efficitur talentum? — Talentum ex minis sexaginta efficitur (Talentum minarum sexaginta continet). — Visne mihi togam tuam commodare? — Commodare tibi eam non nolo, sed usu contrita est. — Contritine sunt usu calcei tui? — Non usu contriti sunt (Non detriti sunt). — Visne eos fratri meo commodare? — Volo illi eos commodare. — Cui pileum tuum commodavisti? — Non eum commodavi; dono eum dedi alicui. — Cui dedisti? — Pauperi (eum dedi).

101. DICTATA UNA ET CENTESIMA.

Ecquid fraterculus tuus jam litterarum syllabas ordinare scit? — Scit vero. — Ordinatne eas bene? — Bene (Recte) ordinat. — Quemadmodum (Quomodo) litterarum syllabas ordinavit puerculus tuus? — Mediocriter (sic satis) ordinavit. — Quomodo scripserunt liberi tui epistolas suas? — Male (nequiter, perperam) scripserunt. — Scisne Hispanice (linguam His-

panicam)? — Scio. — Loquiturne consobrinus tuus Italice?
— Loquitur vero bene. — Quemadmodum amici tui loquuntur?
— Non male loquuntur. — Observantne ea, quæ tu
iis dicis (imperas)? — Observant. — Quomodo (Quo pacto)
tu linguam Anglicam didicisti? — Didici eam hoc pacto (hoc
modo). — Vocavistine me (Mene vocasti)? — Non te vocavi,
verum fratrem tuum. — Advenitne (Venitne)? — Nondum
advenit (venit). — Ubi tu vestes tuas (vestimenta tua) madefecisti?
— Ego eas ruri madefeci. — Visne eas in sole exponere,
ut siccescant? — Volo eas exponere (ut siccescant). —
Ubi pileum meum posuisti? — Ego eum mensæ (in mensâ or
in mensam) imposui. — Vidistine librum meum? — Vidi. —
Ubi est? — Positus est super (Impositus est) risco fratris tui.
— Positumne est muccinium tuum in sellâ? — Positum est.
— Quando tu ruri fuisti? — Ego ibi nudius tertius fui (or
simply Nudius tertius). — Invenistine ibi patrem tuum? —
Inveni (eum ibi). — Quid dixit (dicebat)? — Nihil dixit. —
Quid tu ruri egisti? — Nihil quidquam egi (or agebam).

102. DICTATA ALTERA ET CENTESIMA.

Justumne est (Estne justum), me scribere? — Vero, justum
est. — Te facere hoc non consentaneum est (Non consentaneum
est, te hoc facere). — Apertum est, eum litteras (illas)
scripsisse. — Estne verisimile, eum nobis librum misisse (librum
ad nos misisse)? — Non verisimile est. — Estne tempus,
nos abire? — Nondum (tempus) est; tempus est jentare
(jentandi). — Num fas est, me saltatum ire? — Non est fas
(Nefas est). — Fuitne facinus, civem Romanum vinciri? —
Fuit (Erat) vero facinus audacissimum. — Apparetne, eum
erravisse? — Non apparet. — Constat, te erravisse, me autem
vere (recte) locutum esse. — Oportuitne (Oportebatne) te
laborare? — Laborare me non oportuit, oportuit me autem
scribere. — Estne necesse, nos linguam Latinam discere? —
Necesse est. — Licetne nobis in theatrum ire? — Non licet.
— Intelligiturne, eum advenisse? — Intelligitur, eum nudius
tertius advenisse. — Intelligitur, eum cras (crastino tempore)
adventurum esse. — Necessene est, me scribere? — Necesse
quidem est, sed epistolam tuam brevem esse oportet.

103. DICTATA CENTESIMA TERTIA.

Videsne, me scribere? — Video. — Videbatne, nos venire? — Non videbat. — Audiverunt (Audiebantne), me legere (me legentem). — Te non audierunt (audiebant). — Auditne, me litteras ad te dedisse? — Audit. — Miraris (Num miraris), me tuis operibus lætari? — Minime miror. — Sentitne, se mortalem esse? — Vero, sentit. — Ecquid ille sperat, te venturum esse? — Immo vero sperat, me domi mansurum (esse). — Num tu credis, illum librum tuum lecturum (esse)? — Non credo, (illum eum lecturum esse). — Scisne, rem ita se habere? — Non certe scio, sed credo, rem ita se habere. — Gaudesne (Lætarisne), eum convaluisse? — Valde gaudeo (lætor). — Doleo, eum ægrotum esse (*or* quod ægrotus est). — Cupitne, te sibi librum mittere? — Me non librum sed chartam ipsi mittere cupit. — Num me rus ire vis? — Non, te in urbe manere volo. — Jubetne nos scribere? — Nos non scribere, verum libros, quos nobis commodavit, legere jubet. — Vetatne te in theatrum ire? — Me non vetat. — Ecquid tu me jubes memet ipsum cognoscere (noscere)? — Jubeo tc. — Dixitne, se ægrotum esse? — Immo dixit, se sitire — Numquid illi scribunt, nos advenisse? — Non scribunt. — Tune negas, me recte loqui? — Negare (hoc) non cupio. — Confiterisne, te erravisse? — Immo vero nego, me erravisse. — Simulavitne (Simulabatne), se dormire? — Simulavit (Simulabat). — Pollicitusne est, se venturum (esse)? — Polliceri non potuit (non quivit *or* nequivit.)

104. DICTATA CENTESIMA QUARTA.

Visne me tecum in theatrum ire (*or, also*, Visne, ut (ego) tecum in theatrum eam)? — Ego non te, verum (sed) fratrem tuum mecum ire volo. — Optasne me litteras ad patrem tuum dare (Optasne, ut ego litteras dem *or* mittam ad patrem tuum)? — Vero, volo, ut litteras ad eum des. — Sinisne, me saltatum ire (*or* ut saltatum eam)? — (Ego te ire) non sino. — Ecquid ille epistolas a nobis scribi patitur (Num ille patitur, ut epistolæ a nobis scribantur)? — Non patitur. — Num te coegerunt, ut te munere tuo abdicares (*also* te munere tuo abdicare)? — Me cogere non potuerunt (nequiverunt). — Flagitavitne, te secum in publicum prodire? — Flagitavit (Flagitabat).

— Recusatne ad nos venire? — Recusat. — Statuistine linguam Latinam discere? — Decrevitne operam dare linguæ Francogallicæ (litteris Francogallicis)? — Decrevit. — Quid agit? — Id agit, ut hunc librum ediscat (memoriæ mandet). — Studesne fieri diligens (te fieri diligentem *or* ut diligens fias)? — Studeo vero esse et diligens et bonus (me esse diligentem bonumque *or* ut sim diligens atque bonus). — Videndumne est, ut proximum nostrum amemus? — Videndum est quam maxime.

105. DICTATA CENTESIMA QUINTA.

Rogasne me, ut domi maneam (*or* me domi manere)? — Immo vero te et oro et hortor, ut in publicum prodeas (in publicum prodire). — Hortatusne est te, ut rus ires (rus ire)? — Non, me hortatus est, ut litteras (unas) scriberem (litteras scribere). — Admonesne me, ut iracundiæ resistam (iracundiæ resistere)? — Vero, te admoneo. — (Te) moneo obtestorque, ut eos (hos *or* illos), qui te amant, caros habeas. — Monuitne te, rem ita se habere (habuisse)? — Monuit et persuasit mihi, rem ita se re vera habere (habuisse). — Imperaveruntne, ut aliquis interficeretur (*or* Jusseruntne aliquem interfici *or* occidi)? — Imperaverunt, ut miles interficeretur (Jusserunt militem interfici). — Vetatne ille librum legi? — Immo vero (eum) legi jubet (imperat, ut legeretur). — Num pater tuus tibi scripsit, ut domum redires? — Immo mihi scripsit, ut ruri manerem (me tenerem). — Dixistine famulo tuo, ut tibi librum apportaret (afferret)? — Dixi. — Imperatne tibi præceptor (magister) tuus, ut operam des studiis (Jubetne te magister tuus operam dare studiis)? — Imperat (Jubet). — Ecquid ei persuasisti, ut librum meum legeret (librum meum legere)? — Persuadere ei non potui (nequivi). — Numquid fieri potest, ut ego errem? — Fieri non potest, ut erres. — Quando fuit, ut ego errarem? — Sine, te exorem, ut scribas. — Fac sciam, quando venias. — Cave credas, eum tibi amicum esse. — Gaudesne, me litteras ad amicum tuum dedisse (*or* quod ego litteras ad amicum tuum dedi)? — Delector, quod fecisti hoc (te hoc fecisse). — Dolesne, quod librum tuum amisisti (*or* te librum tuum amisisse)? — Valde doleo, quod eum · amisi (me eum amisisse). — Ecquid miratur ille, quod ego medicum non adduxi (me medicum non adduxisse)? — Immo miratur, quod non veniat (eum non venire). — Gratiasne mihi agis, quod te molestiâ liberavi? — Vero, gratias tibi ago toto pectore. — Gratularisne mihi, quod convalui (sanus factus sum)? — Gratulor. — Cur magister ejus queritur? — Queritur super hoc, quod ille negligens et ignavus est.

106. DICTATA CENTESIMA SEXTA.

Hodiene in publicum prodis (Prodisne hodie in publicum)? — Non ego unquam, quum pluit, in publicum prodeo. — Pluvitne (Pluitne or Pluebatne) heri or hesterno tempore? — Non pluvit (pluit, pluebat). — Ninxitne? — Ninxit. — Quam ob rem tu non in forum is? — Non eo, quod (quia) ningit. — Visne tibi umbraculum? — Vero, si unum habes. — Visne mihi commodare umbraculum? — Commodare tibi unum non nolo. — Qualis est tempestas? — Tonat et fulgurat. — Lucetne sol? — Non lucet; nebulosum est cœlum. — Audisne tonitrum? — Non audio. — Quam diu tonitrum audiisti (audiebas)? — Ego eum usque ad horam quartam mane audivi (audiebam). — Estne nunc tempestas bona (Bonane nunc est tempestas)? — Non est; valde flat ventus et vehementer tonat. — Pluitne? — Pluit vero valde (vehementissime). — Nonne tu rus is? — Quomodo ego rus ire queam (possim)? nonne vides, quam vehementer fulguret? — Ningitne? — Non ningit, sed grandinat. — Grandinabatne heri (hesterno tempore)? — Non grandinabat, sed valde tonabat (tonuit). — Estne tibi umbella? — Est mihi una. — Visne mihi eam commodare? — Volo (tibi eam commodare). — Lucetne sol? — Lucet; sol mihi oculos nocet. — Serenumne est cœlum? — Immo vero deterrima est tempestas; cœlum obscurum est. — Solis lumine non utimur. — Qualis est tempestas hodierna (hodie)? — Tempestas deterrima est. — Flatne ventus (Estne tempestas ventosa)? — Valde flat ventus (Tempestas valde ventosa est). — Eratne (Fuitne) heri tempestas procellosa? — Procellosa (fuit or erat). — Cur non rus ivisti? — Non ivi, quod (quia) cœlum erat procellosum. — Isne tu hodie mane in forum? — Cogito eo ire, si tempestas non est procellosa. — Cogitasne hodie mane mecum jentare (jentaculum sumere)? — Cogito tecum jentare, si esurio.

107. DICTATA CENTESIMA SEPTIMA.

Cogitatne Polonus de hoc vino (hoc de vino) bibere? — Bibere de eo cogitat, si sitit. — Delectarisne ire pedibus, iter faciens (quum itinera facis)? — Pedibus ire non delector. — Ecquid iter fecisti in Italiam pedibus? — Non ivi pedibus, quia viæ nimis lutulentæ erant. — Num in rhedā (*or* curru) invehi delectaris? — Immo vero ego equo vehi delector. — Invectus est consobrinus tuus aliquando equo? — Non unquam (nunquam) invectus est equo. — Equitavistine nudius tertius? — Immo ego hodie equitavi. — Ecquid frater tuus tam sæpe equitat, quam tu? — Sæpius equitat, quam ego. — Tune interdum equitavisti (Vectusne es interdum equo)? — Nunquam equitavi (equo vectus sum). — Ecquid vis in rhedā (curru) rus vehi hodie? — Immo vero equo eo vehi volo (eo equitare volo). — Delectarisne itinera facere? — Non delector. — Num pater tuus delectatur itinera facere hieme? — Non delectatur itinera facere hieme; itinera facere vere atque æstate delectatur. — Estne jucundum, iter (*or* itinera) facere vere? — Jucundum est iter facere vere et auctumno, sed injucundum est iter facere hieme et æstate. — Fecistine (Faciebasne) interdum itinera hieme? — Sæpe ego itinera feci et hieme et æstate (hieme non minus, quam æstate). — Peregrinatur frater tuus sæpe (frequenter)? — Non amplius peregrinatur; multum autem quondam peregrinatus est. — Quo tempore tu equo invehi (equitare) delectaris? — Ego equo vehi (equitare) delector mane post jentaculum sumptum. — Jucundumne est iter facere ruri? — Jucundum est (iter facere ibi). — Quorsum curritur? — Curritur in forum. — Ventumne est in domum? — Nondum ventum est. — Ridebaturne in theatro? — Vero, ridebatur et clamabatur. — Diciturne, eum advenisse (Diciturne advenisse)? — Non, dicitur, eum ruri mansisse (se tenuisse) *or* dicitur ruri mansisse. — Jucundumne est hodie pedibus ire? — Non jucundum est. — Quando ortus est ventus? — Ortus est hodie mane horā quartā.

108. DICTATA CENTESIMA OCTAVA.

Visne fratri meo librum unum aliquem commodare? — Commodavi ei jam unum (ego ei jam jam unum commodavi). — Visne ei uno amplius (plus) commodare? — Immo ei duobus plus commodare volo (non nolo). — Dedistine aliquid pauperibus? — Dedi vero iis pecuniam. — Quantum pecuniæ tibi dedit frater tuus? — Pauxillum (paulum) tantum dedit; non dedit mihi nisi duos thaleros. — Quot annos habet (Quotum annum agit) frater tuus? — Viginti annos habet (Annum agit vicesimum). — Esne tu (Tun' es) ejusdem ætatis cum eo (Esne tu tam grandis natu, quam ille (or is)? — Immo vero ego minor natu sum. — Quotum annum agis? — Ego vix duodeviginti annos habeo (natus sum). — Tu quot annos habes (natus es)? — Ego circiter duodecim annos habeo (natus sum). — Egone te minor natu sum? — Haud (Non) scio. — Quotum annum vicinus noster agit? — Tricesimum pæne annum agit (Vix triginta annorum est). — Suntne amici nostri ejusdem ætatis nobiscum? — Immo majores nobis natu sunt. — Quot annos (annorum) habent? — Alter undeviginti annos habet, alter viginti. — Estne pater tuus ejusdem ætatis cum meo (æque grandis natu atque meus)? — Immo ille tuo major natu est. — Legistine librum meum? — Nondum legi (perlegi). — Perlegitne (Conclusitne *) amicus tuus librum suum? — Vero, prope perlegit. — Intelligisne quod tibi dico (Capisne meam sententiam)? — Intelligo quod mihi dicis (Capio). — Intelligitne Anglus ea, quæ nos ei dicimus (Capitne Anglus sententiam nostram)? — Intelligit (Capit). — Comprehenditisne, quæ vobis dicimus (dicamus)? — Comprehendimus. — Ecquid tu linguam Germanicam intelligis? — Nondum intelligo, sed (verum) disco. — Intelligimusne, quod (= id quod or ea quæ) dicunt (dicant) Angli? — Non intelligimus (Sententiam eorum non capimus). — An Germani, quod nos dicimus (dicamus), intelligunt? — Vero, intelligunt. — Nosne, quæ illi dicant, comprehendimus? — Vix comprehendimus. — Audisne strepitum? — Nihil audio. — Audivisti ventorum strepitum? — Audivi (Audii). — Quid tu audis? — Latratum canum (or Canes latrantes) audio (accipio). — Cujus est hicce canis? — Canis est Scoti.

109. DICTATA CENTESIMA NONA.

Ubi est frater tuus? — Londini est. — Non Berolini erat? — Non, Carthagine erat. — Tun' unquam Syracusis fuisti? — Nunquam ego Syracusis fui, verum (sed) Romæ. — Estne ami-

* The former to finish reading, the latter generally.

cus tuus Novo Eboraco? — Non, Athenis est. — Cogitasne in Italiam proficisci? — Immo ego Romam et Athenas proficisci cogito. — Ubi (Quo loco) studet filius tuus litteris? — Lutetiæ (Parisiis) studet. — Revertitne ex Asiā? — Non adhuc (Nondum) revertit. — Unde venit? — Venit Lutetiā (Parisiis *or* Lutetiā Parisiorum) Londinum. — Et ego ex Germaniā veni in Americam. — Ecquid (Numquid) baculum tuum amisisti (perdidisti)? — Non amisi (perdidi). — Amisitne servus tuus schedulam meam? — Amisit. — Ubi mansisti? — Domi mansi (me tenebam). — Perdidit pater tuus aleā tantam pecuniam, quantam ego? — Plus ejus ille perdidit, quam tu. — Quantam ego aleā perdidi? — Tu vix unum thalerum perdidisti. — Ubi (Quo loco) mansit (moratus est) frater tuus? — Domi mansit (moratus est). — Manseruntne (Moratine sunt) amici tui ruri? — Manserunt (Commorati sunt). — Esne tu (Tun' es) æque doctus, atque medicus Anglus? — Non ego æque doctus sum. — Æquene doctus est medicus Francogallus ac tu (atque tu, quam tu *or* tecum)? — Immo doctior est, quam ego sum. — Ecquis (Numquis) doctior est, quam medici Francogallici? — Nemo doctior est, quam illi sunt. — Perlegeruntne fratres tui libros meos? — Nondum (eos) perlegerunt. — Quam multos eorum perlegerunt? — Vix duo eorum perlegerunt. — Abstulitne tibi hortulani mei filius aliquid? — Libros (meos) mihi abstulit (dempsit). — Quid tu ei (*or* ab eo) abstulisti (dempsisti)? — Nihil ab eo abstuli. — Dempsitne ille (Abstulitne) tibi pecuniam? — Dempsit (Abstulit) vero (mihi nonnullum). — Quantam pecuniam (Quantum pecuniæ) tibi dempsit (tibi *or* a te abstulit). — Dempsit mihi (Abstulit a me) duos fere thaleros.

110. DICTATA CENTESIMA DECIMA.

Cur tu hominem illum amas? — Ego eum amo, quod bonus est. — Quam ob rem vicinus noster canem suum verberat? — Quod (*or* Propterea, quia) puerculum ejus momordit (morsu vulneravit). — Quā de causā pater noster me amat? — Te ob eam causam amat, quod bonus es. — Amantne nos amici nostri? — Nos idcirco amant, quia boni sumus. — Cur mihi vinum affers? — Tibi affero propterea, quia sitis. — Quam ob rem bibit pileorum opifex? — Bibit propterea, quod sitit. — Videsne nautam, qui in nave est? — Ego non eum, qui in nave est, video, verum illum, qui in campo (loco publico) est. — Legisne illos libros, quos pater meus tibi dedit? — Vero, eos lego. — Novistine eos Italos, quos nos novimus? — Non novimus eos (illos), quos vos novistis, novimus autem alios. — Emisne equum, quem vidimus? — Ego non eum, quem vidimus, emo, verum alium. — Quærisne, quod amisisti (perdidisti)? — Quæro. — Invenis (Reperis) hominem, quem quæsivisti? — Eum non invenio (reperio). — Occiditne lanius bovem, quem in foro emit? — Occidit. — Ecquid coqui nostri gallinas, quas emerunt (emere), occidunt? — Vero, eas occidunt. — Reparatne pileorum opifex pileum eum, quem ego ei misi? — Reparat (Reficit). — Ecquid sutor caligas, quas ei misisti, reficit? — Eas non reficit propterea, quia detritæ sunt. — Jacetne toga tua in sellā? — Jacet, vero. — Jacetne (Positane est) in sellā, cui ego eam imposui? — Non, in aliā jacet (posita est). — Ubi est pileus meus? — In conclavi est, ubi (*or* in quo) tu eum vidisti. — Opperirisne (Manesne) aliquem? — Neminem opperior (maneo). — Manesne hominem, quem ego hodie mane videbam? — Maneo. — Ecquid librum tuum opperiris? — Opperior. — Expectasne patrem tuum hodie vesperi? — Expecto. — Quotā horā in theatrum ivit? — Ivit eo horā septimā. — Quotā horā inde revertitur? — Revertitur inde horā undecimā. — Revertitne quæsitor tuus a foro? — Nondum revertit. — Quotā horā revertit frater tuus rure? — Revertit (Rediit) inde decimā horā vesperi.

111. DICTATA CENTESIMA UNDECIMA.

Quā (Quotā) horā tu amici tui domo revertisti? — Ego inde horā undecimā mane reverti (redii). — Mansistine (Commoratusne es) diu cum eo? — Mansi (commoratus sum) cum eo circa unam horam. — Quam diu in saltatione manere (saltationi adesse *or* interesse) cogitas? — Ego aliquot momenta manere cogito. — Quam diu Anglus tecum commoratus est? — Commoratus est mecum (per) duas horas. — Diune tu rure manere (morari) cogitas? — Immo per æstatem manere (morari) cogito. — Quam diu fratres tui in urbe mansere (commorati sunt)? — Commorati sunt (Permanserunt) ibi per hiemem. — Quantam pecuniæ ego tibi debeo? — Non mihi multum ejus debes. — Quantum tu sartori tuo debes? — Non debeo ei nisi quinquaginta thaleros. — Quantum tu sutori tuo debes? — Debeo ei jam septuaginta thaleros. — Egone tibi quidquam (aliquid) debeo (Numquid tibi debeo)? — Nihil debes. — Quam multum tibi debet Francogallus? — Debet mihi plus, quam tu. — Tantumne tibi debent Angli, quantum Hispani? — Vix tantum debent. — Debeone tibi tantum (pecuniæ), quantum frater meus? — Immo mihi plus (majorem) debes, quam ille. — Debent tibi amici nostri tantum, quantum nos (debemus)? — Tu mihi minus (minorem pecuniam) debes, quam illi. — Quâ de causâ tu mercatori das pecuniam? — Do ei aliquantum propterea, quod mihi muccinia vendidit. — Cur non (Quin) bibis? — Ego ideo non bibo, quia non sitio. — Quid (causæ) est, quod tæniam tollas? — Ego eam idcirco tollo, quia mihi opus est. — Quid est, cur isti (homini) pecuniam commodes? — Commodo ei propterea, quod ejus indiget. — Quam ob rem frater tuus operam dat litteris? — Operam idcirco litteris dat, quia linguam Latinam (or Latine) discere cupit. — Sitisne? — Ego non sitio, quippe qui biberim. — Bibit jam consobrinus tuus? — Nondum bibit; nondum (non adhuc) sitit. — Ostenditne (Monstratne) tibi famulus cubiculum, quod everrit (scopis purgat)? — Ostendit (Monstrat) mihi non id, quod nunc everrit, verum illud, quod heri everrit (everrebat). — Jentasne ante, quam in publicum prodis? — Immo vero in publicum prodeo, prius quam jento (jentaculum sumo). — Quid agit (facit or facere solet) frater tuus ante, quam epistolas suas scribit? — Chartam, atramentum et pennas (calamos) emit (emere solet), priusquam (antequam) eas scribit.

112. DICTATA CENTESIMA DUODECIMA.

Ubi habitas? — In plateâ habito (domicilium habeo). — Quo loco pater tuus habitat? — In * amici sui domo habitat (Apud amicum suum domicilium habet). — Ubi domicilium habent fratres tui? — Domicilium habent in plateâ numero centesimo vicesimo. — Habitasne apud patruelem (consobrinum) tuum? — Apud eum (in domo ejus) habito. — Habitat ne etiamnunc, ubi (quondam) habitabat? — Non amplius habitat, ubi quondam habitabat. — Ubi in præsentiâ (or nunc) habitat? — In viâ Wilhelminâ numero centesimo quinto decimo habitat (domicilium habet). — Ubi est frater tuus? — In hortis (hortulo or horto †) est. — Quo ivit consobrinus tuus? — In hortos iniit. — Ivistine heri ad spectaculum? — (Eo)

* See Grammar, page 652, Rem. 1-3.
† Grammar, page 71, D.

EXERCISE 113.

ivi. — Ecquid amicum meum vidisti? — (Eum) vidi. — Quando eum vidisti? — Ego eum hodie mane vidi. — Quorsum ivit? — Non scio (Haud scio *or* Nescio.) — Detersitne servus vestes meas penicillo? — Vero, eas detersit. — Everritne cubiculum meum? — Everrit. — Quam diu hic permansit? — Usque ad meridiem. — Quam diu (Quo usque) scripsisti? — Ego usque ad mediam noctem scripsi. — Quam diu (Quo usque) ego laboravi? — Tu usque ad quartam horam mane laboravisti (laborabas). — Quam diu (Quo usque) frater meus apud te moratus est? — Moratus est (Permansit) apud me usque ad vesperam. — Quo usque (Quam diu) laborabas? — Ego adhuc (adhuc usque) laborabam. — Diune etiam tibi scribendum est? — Scribendum est mihi usque ad diem perendinum. — Laborandumne est medico etiam diu? — Laborandum est ei usque ad diem crastinum. — Morandumne mihi hic est diu (longum tempus)? — Morandum tibi est usque ad diem solis. — Oportetne fratrem meum longum tempus apud te manere? — Manere eum portet apud me usque ad diem lunæ. — Quam longum tempus (Quam diu *or* Quousque) mihi laborandum est (me laborare oportet)? — Laborandum tibi est (Laborare te oportet) usque ad diem perendinum. — Estne tibi diu (longum tempus) loquendum (dicendum)? — Loquendum mihi est unam etiam horam. — Locutusne es longum tempus? — Locutus sum usque ad diem proximum (posterum). — Mansistine diu (longum tempus) in cubiculo meo? — Mansi ibi usque ad momentum præsens. — Ecquid tibi longum tempus (diu) hac in domo habitandum est? — Vero, est mihi in eâ longum etiam tempus habitandum. — Quousque tibi etiam in eâ habitandum est? — Usque ad diem solis. — Quot triumphas triumphavit Dentatus? — Triumphavit eorum novem. — Qualem vitam vivit pater tuus? — Otiosam atque tranquillam vitam vivit. — Quis Turnum saltare solitus est (solebat)? — Romani (eum saltare) solebant (soliti sunt).

113. DICTATA CENTESIMA TERTIA DECIMA.

Habitatne amicus tuus apud te (tecum) etiamnunc? — Apud me (Mecum) non amplius habitat. — Quam diu (Quam longum tempus) tecum habitabat? — Unum tantum annum mecum habitabat. — Quam longum tempus tu in saltatione permanebas (saltationi aderas)? — Permanebam (Aderam) usque ad mediam noctem. — Quam longum tempus in curru mansisti? — Ego per unam horam in eo mansi. — Permansistine in hortis adhuc usque? — Vero, adhuc usque in iis permansi. — Venitne centurio hucusque (ad hunc usque locum)? — Venit vero hucusque (hactenus). — Quousque venit mercator? — Usque ad terminum viæ venit. — Venitne Turca usque ad extremam silvam? — Venit vero usque eo (ad illum usque locum). — Quid facis (agis) mane? — Lego (Libros lego). — Et quid facis (agis) postea? — (Deinde) jentaculum sumo et laboro. — Jentasne, antequam (libros) legis? — Non, domine; ego libros lego ante, quam jento. — Ludisne, quum laborare debeas? — Immo tantum abest, ut ludam, ut laborem (Immo vero laboro potius, quam ludo). — Itne (Aditne) frater tuus ad spectaculum, quum in hortos ire debeat? — Non it (adit) ad spectaculum. — Quid agis vesperi? — Laboro (Opus facio *or* Operor). — Quid egisti (fecisti) hodie vesperi? — Ego vestes tuas (vestimenta tua) peniculo detersi (extersi) et in theatrum inii. — Moratusne es in theatro longum tempus (*or* diu)? — Immo vero pauca tantum momenta (ibi) moratus sum. — Visne hic expectare (opperiri)? — Quam diu expectare (opperiri) me oportet? — Expectare te oportet, donec (dum) pater meus revertatur (redeat). — Venitne aliquis (Ecquis venit)? — Venit vero aliquis. — Quid sibi voluerunt? — Ad te loqui (Tecum colloqui) voluerunt. — Opperiri non voluerunt? — Nolunt opperiri. — Quid homini illi dicis? — Dico ei, ut opperiatur (expectet). — Ecquid me diu (longum tempus) mansisti (oppertus es)? — Ego te unam horam (totam horam) mansi (oppertus *or* opperitus sum). — Potuistine meam epistolam legere? — Potui (eam legere). — Ecquid eam intellexisti? — Vero, eam intellexi. — Eccui eam ostendisti (Ostendistine eam alicui)? — Ego eam nemini (nulli) ostendi. — Attuleruntne vestes meas (Ecquid vestimenta mea allata sunt)? — Nondum ea attulere (Nondum *or* non adhuc allata sunt). — Num cubiculum meum everrerunt et vestes meas peniculo exterserunt (Eversumne est cubiculum meum et extersæne sunt penicillo vestes meæ? — Non adhuc fecerunt (Nondum factum est).

114. DICTATA CENTESIMA QUARTA DECIMA.

Clepseruntne tibi aliquid (Surreptumne tibi est aliquid)? — Clepserunt mihi (a me) omne bonum vinum (Surreptum est mihi omne bonum vinum). — Furatine sunt aliquid patri tuo (a patre tuo)? — Vero, omnes ejus libros bonos furati sunt (Surrepti sunt ei omnes ejus libri boni). — Numquid furaris (clepis, surripis)? — Nihil furor (clepo, surripio). — Numquid tu unquam furatus es (Clepsistine aliquando aliquid)? — Nunquam ego quidquam furatus sum (*or* clepsi *or* surripui). — Clepseruntne tibi (a te) mala tua (Cleptane tibi mala tua sunt)? — Clepserunt (Clepta sunt). — Quid mihi (a me) furati sunt (clepserunt)? — Clepserunt tibi omnes libros bonos. — Quando tibi currum (rhedam) surripuerunt? — Surripuerunt mihi eum (eam) nudius tertius. — Clepseruntne unquam (aliquando) aliquid a nobis? — Nunquam a nobis quidquam clepserunt. — Bibitne (Potavitne) faber tignarius omne vinum? — Bibit (Potavit). — Laceravitne puer tuus omnes libros suos? — Omnes laceravit. — Quam ob rem eos laceravit? — Propterea, quia litteris studere non vult. — Quantam pecuniam tu aleā perdidisti? — Omnem ego meam pecuniam perdidi. — Scisne, ubi pater meus sit? — Nescio (Non *or* haud scio). — Tune librum meum non vidisti? — (Eum) non vidi. — Scisne, quomodo hoc vocabulum scribatur? — Scribitur hoc pacto. — Tingisne aliquid· (Inficisne aliquid colore)? — Vero, pileum meum tingo (colore inficio). — Quo colore eum inficis (tingis)? — Ego eum colore nigro (atro) inficio (tingo). — Quo colore tu vestes tuas inficis (tingis)? — Inficio (Tingo) eas flavo colore. — Pœnitetne te? — Me non pœnitet. — Pigetne eum? — Piget eum valde. — Nonne eos pudet? — Vero, eos et pudet et tædet. — Juvatne te, fratrem tuum advenisse (quod frater tuus advenit)? — Vero, me valde juvat. — Scisne, librum tuum surreptum (cleptum) esse? — Me non fugit (præterit) eum surreptum esse. — Loquerisne ad me? — Non ad te loquor, verum ad peregrinum stantem juxta te.

115. DICTATA CENTESIMA QUINTA DECIMA.

Curasne riscum tuum colore inficiendum? — Curo. — Quo colore eum inficiendum curas? — Colore eum viridi inficiendum curo. — Quo colore tu tibialia tua lintea inficienda curas? — Ego ea albo (candido) colore inficienda curo. — Curatne consobrinus tuus muccinium suum colore inficienda? — Curat (id tingendum). — Ecquid id colore rubro inficiendum curat? — Immo id cano colore inficiendum curat. — Quo colore togas suas inficiendas curavere amici tui? — Colore viridi inficiendas eas curavere. — Quo colore Itali rhedas suas inficiendas curaverunt? — Curaverunt eas inficiendas cæruleo colore. — Quid pilei habet homo nobilis (eques)? — Duos pileos habet, album et nigrum. — Habeone ego pileum? — Immo diversos habes. — Infecitne jam colore tinctor tuus focale tuum? — Infecit (Tinxit). — Quo colore id tinxit (infecit)? — Flavo colore tinxit (infecit). — Suscipisne aliquando peregrinationes (Facisne nonnunquam itinera)? — Sæpe suscipio (Frequenter facio). — Quo ire (tendere) hac æstate cogitas? — In Germaniam ire (tendere) cogito. — Nonne in Italiam is (tendis)? — Eo (Tendo). — Fecistine aliquando itinera? — Nunquam feci. — Estne amicis tuis propositum in terram Batavorum (in Hollandiam) ire? — Est eis propositum eo ire. — Quando proficisci cogitant? — Perendino die proficisci cogitant. — Profectus jam est frater tuus in Hispaniam? — Nondum eo profectus est. — Esne tu in Hispaniā peregrinatus? — Vero, ibi peregrinatus sum. — Quando proficisceris? — Crastino tempore (Cras) proficiscor. — Quotā horā? — Quintā (horā) mane. — Detrivistine usu omnes tuas caligas? — Detrivi, vero, omnes. — Quid fecerunt (fecere) Turcæ? — Naves nostras bonas omnes combusserunt. — Conclusistine omnes tuas litteras? — Ego eas omnes conclusi. — Quousque iter fecisti? — Iter feci usque in Germaniam. — Fecitne ille iter usque in Italiam? — Immo iter fecit usque in Americam. — Quousque ivere (iverunt) Hispani? — Usque Londinum iverunt. — Quousque venit homo iste pauper? — Hucusque (ad hunc usque locum) venit. — Venitne usque domum tuam? — Immo usque in patris mei domum venit.

116. DICTATA CENTESIMA SEXTA DECIMA.

Vocasne me? — Vero, te voco. — Ubi es? — In monte sum (In summo monte sum); venisne sursum (ascendisne)? — Sursum non venio (Non ascendo). — Quo loco tu es (Tu quo loco es)? — Sub radicibus montis sum; visne descendere (num deorsum venire vis)? — Descendere non possum (nequeo, non queo). — Cur non (or Quin) descendere potes? — Propterea, quod pedibus ægroto. — Quo loco (Ubi) habitat consobrinus tuus? — Citra flumen habitat. — Ubi (situs) est mons? — (Situs) est trans flumen (fluvium). — Quo loco stat (sita est) amici nostri domus? — Trans (ultra) montem stat (sita est). — Estne amici tui hortus citra silvam, an ultra? —

Ultra est. — Num ultra viam (sita) est cella penaria nostra? — Immo citra sita est. — Quo loco (Ubi) tu hodie mane fuisti? — Ego magno in monte fui. — Quam sæpe (*or* Quoties) montem ascendisti? — Ter ascendi. — Utrum pater noster est infra an supra (*or* in inferiore an in superiore parte)? — Supra (In superiore parte) est. — Ecquid tibi vicini pueri libros tuos reddidere (restituerunt)? — Reddidere (Restituerunt). — Quando tibi eos restituerunt (reddiderunt)? — (Restituerunt eos) heri. — Cui baculum tuum (dono) dedisti? — Dono id dedi viro nobili (*or* equiti). — Cui digitabula sua donaverunt viri nobiles? — Donaverunt ea Anglis (iis Anglos). — Quos Anglorum iis donaverunt? — Eos, quos hodie mane apud me (domi meæ) vidisti. — Quibus hominibus tu pecuniam das? — (Ego do) iis, quibus tu das. — Dasne tu alicui pecuniam? — Do vero iis, qui eâ indigent. — Quis te musicam docuit? — Nemo; ego musicam nunquam didici. — Celavitne te frater tuus consilium suum? — Non celavit (celabat). — Rogavitne te aliquid? — Vero, me pecuniam rogavit (rogabat). — Quid te peregrinus percontatus est (percontabatur)? — Me viam percontatus est (percontabatur). — Quem tu præceptorem habuisti? — Ego præceptores habui unum Anglum et alterum Germanum.

117. DICTATA CENTESIMA SEPTIMA DECIMA.

Accepistine munera (dona)? — Accepi nonnulla. — Quid donorum (munera) accepisti? — Pulchra dona (munuscula) accepi. — Accepitne fraterculus tuus aliquid dono? — Diversa munera (dona) accepit. — A quo accepit? — Accepit nonnulla a patre meo et a tuo. — Venisne tu ex hortis? — Non ex hortis, verum domo venio. — Quorsum is? — In hortos eo. — Unde (Ex quo loco) venit Hibernus? — Ex hortis venit. — Venitne ex iisdem hortis, ex quibus (unde) tu venis (venias)? — Non ex iisdem venit. — Quibus ex hortis venit? — Venit ex illis amici nostri veteris. — Unde venit puer tuus? — De spectaculo (theatro) venit. — Quanti pretii est ille currus? — Quingentorum thalerum est (Quingentis thaleris valet). — Valetne hicce liber tanti, quanti ille? — Immo pluris valet. — Quanti pretii equus meus est (Quanti equus meus valet)? — Tanti valet (est), quanti ille amici tui. — Tantine valent equi tui, quanti illi Francogallorum? — Non tanti valent (Minoris pretii sunt). — Quanti pretii est iste culter? — Nullius pretii est (Nihilo valet). — Estne servus tuus tanti, quanti meus? — Immo melior tuo est (Melior est, quam tuus). — Esne tu tanti, quanti frater tuus? — Immo ille melior (pluris) est, quam ego. — Esne tanti, quanti consobrinus tuus? — Tanti sum. — Ecquid nos tanti sumus, quanti vicini nostri (sunt)? — Immo pluris (meliores) sumus. — Num umbraculum tuum tanti valet (est), quanti meum? — Minoris valet (est). — Cur non tanti est, quanti meum? — Propterea, quia non æque elegans est, quam (ac, atque) tuum. — Visne equum tuum vendere? — Volo eum vendere. — Quanti pretii est? — Ducentorum florenorum est (Ducentis florenis valet). — Cupisne (eum) emere? — Non, ego jam unum emi. — Cogitatne pater tuus equum (aliquem) emere? — Cogitat quidem unum emere, sed non tuum.

118. DICTATA CENTESIMA DUODEVICESIMA.

Erasne heri in domo medici? — Eram in domo ejus. — Quid dicit (ait)? — Dicit, se non venire posse. — Cur non (Quin) mittit filium suum? — Filius ejus in publicum non prodit. — Cur non in publicum prodit? — Quia ægrotus est. — Habuistine (Habebasne) marsupium meum? — Affirmo tibi, me id non habuisse. — Vidistine id? — (Id) vidi. — Ubi est? — In sellā jacet (posita est). — Habuistine meum cultrum? — Affirmo tibi, me eum habuisse. — Ubi eum posuisti? — Posui eum in mensā (Imposui eum mensæ). — Visne eum quærere? — (Ego eum) jam quæsivi. — Reperistine (eum)? — (Eum) non reperi. — Quæsivistine digitabula mea? — Quæsivi quidem, sed ea non reperi. — Habetne servus tuus pileum meum? — Habuit eum, sed non amplius (non jam) habet. — Extersitne eum penicillo? — Extersit. — Suntne libri mei super mensā tuā? — Sunt (Positi sunt) super eā. — Estne tibi vinum? — Non est mihi nisi pauxillum, sed (tamen) tibi dare volo, quod habeam. — Visne mihi aquam dare? — Dare tibi non nolo. — Habesne multum vini? — Multum habeo. — Visne mihi aliquantum ejus dare? — Volo tibi (ejus aliquantum) dare. — Quantum (pecuniæ) tu mihi debes? — Nihil tibi debeo. — Perbenigne! *or* Facis amice! — Oportetne me afferre vinum? — Oportet aliquantum afferas. — Oportetne ego eam saltatum? — Necesse est eas. — Quo tempore (Quando) me ire oportet? — Te ire oportet hodie vesperi. — Oportetne me arcessere fabrum tignarium? —

EXERCISE 118.

Oportet eum arcessas. — Necessene est ire in forum? — Necesse est eo ire. — Quid faciendum est, ut linguam Russicam discamus (ut aliquis ling. Russ. discat*)? — Opus est multā diligentiā. — Opusne est multā diligentiā, ut linguam Germanicam discamus (ut aliquis ling. Germ. discat)? — Opus est multā. — Quid mihi faciendum est? — Emendus tibi est liber bonus (Te librum bonum emere oportet *or* Necesse est emas librum bonum). — Quid ei faciendum est? — Necesse est sedeat quietus (Oportet eum sedere quiete). — Quid nobis faciendum est? — Laborandum est vobis. — Estne tibi multum laborandum, ut linguam Arabicam discas? — Multum mihi laborandum est, ut eam discam. — Non laborat frater tuus? — Deest ei voluntas laborandi. — Habetne ad sumptum (*or* unde vivat)? — Habet. — Cur me in forum ire oportet (Quam ob rem eundum est mihi in forum)? — Te eo ire oportet, ut bubulam emas. — Cur mihi operandum est? — Operandum tibi est, ut ad sumptum habeas. — Quid vis (Quid tibi opus est), domine? — Pannum opto (Opus est mihi panno). — Quanti pretii est ille pileus? — Tribus thaleris valet. — Opusne tibi sunt tibialia? — Opus sunt mihi aliquot. — Quanti pretii sunt illa tibialia? — Duodecim kreutzeris valent. — Non est tibi opus nisi hoc (Numquid aliud vis)? — Non est mihi opus nisi hoc (Aliud nihil cupio). — Non tibi calcei opus sunt? — Non mihi ulli opus sunt. — Egesne multā pecuniā? — Multā egeo. — Quantum tibi ejus opus est (Quantum ejus habeas necesse est)? — Opus sunt mihi sex thaleri (Necesse est habeam sex thaleros). — Quantum fratri tuo opus est? — Non ei opus sunt nisi sex grossi (Sex tantum grossis eget). — Non est ei opus plus (Non majore, *sc.* pecuniā, indiget)? — Non est ei opus plus (Majore non indiget). — Indigetne consobrinus tuus majore pecuniā (Estne consobrino tuo opus plus)? — Non tantā eget, quantā ego (Non opus est ei tantum, quantum mihi). — Quid tibi opus est? — Opus sunt mihi pecunia et calcei (Pecuniā et calceis indigeo). — Habesne nunc, quod tibi opus sit (quæ tibi opus sint)? — Habeo, quod mihi opus est (quæ mihi opus sunt). — Habetne frater tuus, quæ ei opus sint? — Habet, quæ ei opus sint (sunt).

* Compare Grammar, page 330, *D.*

119. DICTATA CENTESIMA UNDEVICESIMA.

Habemus nos, quod nobis opus sit (est)? — Non habemus, quod nobis opus sit (est). — Quid nobis opus est? — Opus est nobis domo pulchrā, hortis amplis, rhedā formosā, equis bellis (venustis), diversis (or aliquot) servis, multāque pecuniā. — Non est nobis opus nisi hoc? — Nihil nobis opus est nisi hoc. — Quid mihi faciendum est? — Scribenda tibi est epistola. — Ad quem epistola mihi danda est? — Danda est tibi epistola ad amicum tuum. — Eundumne est mihi in forum? — Licet tibi eo ire. — Visne patri tuo dicere, me hic eum expectare (opperiri)? — Volo ei dicere (nuntiare). — Quid patri tuo dicere (nuntiare) vis? — Dicere (nuntiare) ei volo, te hic eum expectare (opperiri). — Quid famulo meo dicere vis? — Dicere ei volo, te epistolam tuam conclusisse. — Solvistine pretium mensæ tuæ (pro mensā tuā)? — Solvi (pro eo). — Solvitne patruus tuus libri pretium (pro libro suo)? — Solvit (pro eo). — Solvine ego sartori pretium vestium mearum (pro vestimentis meis)? — Solvisti (ei pro iis). — Num tu mercatori pretium equi solvisti? — Nondum solvi. — Solvimusne pro digitabulis nostris? — Vero, (pro iis) solvimus. — Ecquid jam solvit consobrinus tuus pro caligis suis (pretium caligarum suarum)? — Nondum solvit (pro iis). — Solvitne tibi frater meus, quod tibi debet (debeat)? — Solvit. — Solvisne, quod debeas (debes)? — Vero, solvo, quod debeo (Debita or debitum solvo). — Solvistine pistori (or acc., pistarem)? — Vero, ei (or eum) solvi. — Solvitne patruus (avunculus) tuus lanio pro carne (or carnis pretium)? — Solvit (ei pro eā). — Solvistine famulo tuo operæ pretium (or mercedem suam)? — Solvi. — Ecquid tibi solvit dominus tuus mercedem? — Solvit (mihi eam). — Quando tibi eam solvit? — (Solvit mihi eam) nudius tertius. — Quid ab hocce homine postulas (petis)? — Postulo ab eo librum meum. — Quid me puer iste rogat? — Te pecuniam rogat (mendicat). — Rogasne me aliquid (Ecquid tu a me petis)? — Te unum thalerum rogo (Peto a te unum thalerum). — Rogasne me panem (Postulasne a me panem)? — Rogo (te eum). — Rogantne te pauperes pecuniam? — Vero, me aliquantulum rogant (mendicant). — Quem hominem tu pecuniam rogas (A quo tu pecuniam petis or postulas)? — Ego illum, quem tu rogas, aliquantulum rogo (Peto ab eo, a quo tu petis).

120. DICTATA CENTESIMA VICESIMA.

A quo tu saccharum postulavisti (Quem saccharum rogavisti)? — A mercatore aliquantum postulavi (Mercatorem rogavi). — Quem pecuniam rogaverunt (mendicaverunt) pauperes? — Homines nobiles nonnihil rogaverunt (mendicaverunt). — Quos hominum nobilium rogaverunt? — Eos, quos novisti, aliquantum rogaverunt. — Cui tu carnis pretium solvis (pro carne solvis)? — Ego laniis solvo (Laniis pro câ solvo). — Cui frater tuus caligarum pretium solvit (pro caligis solvit)? — Sutori (Sutorem) solvit. — Quem nos pro pane solvimus (Cui nos panis pretium solvimus)? — Pistorem nostrum pro eo solvimus (Pistori nostro solvimus). — De quo locuti sunt homines? — De amico nostro locuti sunt. — Ecquid loquuntur homines de libro meo? — Vero, loquuntur. — Quâ de re nos loquimur? — De bello loquimur (colloquimur). — Vosne non de pace loquimini? — Non loquimur (colloquimur) de eâ. — Probasne discipulos tuos? — Probo (Eos approbo). — Quot annos habes? — Vix decem annos habeo. — Ecquid frater tuus Latine (linguam Latinam) scit? — Non scit. — Cur (eam) non scit (Cur ejus non sciens est)? — Propterea, quod eam non didicit. — Cur eam non didicit? — Quia otium (spatium, tempus) ei defuit. — Estne pater tuus domi (Domine est pater tuus, *or* Num domi est pater tuus)? — Non est; in Angliam profectus est. — Cogitasne hac æstate in Italiam ire (proficisci)? — Cogito eo ire (proficisci). — Estne tibi propositum morari ibi longum tempus? — Mihi per æstatem morari propositum est. — Quam dudum (Quo usque) frater tuus domi manet (se domi tenet)? — Usque ad horam duodecimam (ad meridiem). — Curastine digitabula tua colore inficienda? — Vero, (ea inficienda) curavi. — Quo colore ea inficienda (tingenda) curavisti? — Ego ea colore fusco inficienda curavi. — Visne patri tuo dicere (nuntiare), me hic fuisse (me adfuisse)? — Volo ei dicere (nuntiare). — Non vis opperiri (expectare), dum (donec *or* quoad) revertatur? — Opperiri non possum (nequeo).

121. DICTATA CENTESIMA UNA ET VICESIMA.

Jamne cœnavisti? — Nondum cœnavi. — Quâ (Quotâ) horâ cœnas (cœnare soles)? — Ego horâ sextâ cœno (cœnare soleo). — Apud quem cœnas? — Apud unum (*or* aliquem) de amicis meis cœno (cœnare soleo). — Apud quem (Quocum) heri cœnavisti? — Ego apud aliquem de cognatis meis cœnavi. — Quid edistis (manducavistis)? — Nos bonum panem, bubulam, mala, atque panificia (placentas) manducavimus (edimus). — Quid bibistis? — Bonum vinum, bonam cerevisiam, et bonum ex malis confectum vinum bibimus (potavimus). — Apud quem cœnat hodie patruus tuus? — Apud nos cœnat. — Quotâ horâ cibum vespertinum sumit pater tuus? — (Cibum vespertinum sumit) horâ nonâ. — Sumisne tu cibum vespertinum maturius, quam ille? — Immo ego serius (tardius), quam ille, cibum vespertinum sumere soleo. — Quotâ horâ jentas? — Horâ decimâ jento. — Quotâ horâ sumpsistis heri cibum vespertinum? — Nos cibum vespertinum sero sumpsimus. — Quid edistis? — Paulum tantum carnis et frustulum panis edimus (Non manducavimus nisi pauxillum carnis et frustulum panis). — Quando sumpsit frater tuus cibum vespertinum? — Cibum vespertinum post patrem meum sumpsit. — Quo is (*or* Tu quo is)? — Eo ad unum ex cognatis meis, ut cum eo jentem (Jentatum eo ad unum de cognatis meis). — Cœnatisne mature? — Immo vero tarde (sero) cœnamus (cœnare solemus). — Visne digitabula mea manu tenere? — Volo ea tenere. — Quis pileum tuum manu tenuit? — Servus meus eum tenuit. — Visne conari loqui (*or* ut loquare)? — Conari non nolo. — Tentavitne fraterculus tuus aliquando pensa imperata peragere (*or* dictata scribere)? — Tentavit. — Tun' aliquando (*or* unquam) pileum conficere tentavisti? — Nunquam ego ullum conficere tentavi. — Num nos illam cerevisiam gustavimus? — Nondum gustavimus. — Quod vinum tu gustare vis? — Gustare volo id, quod tu gustavisti. — Gustaveruntne Poloni vinum illud adustum? — Gustaverunt. — Multumne de eo biberunt? — Non multum ejus (de eo) biberunt. — Visne hoc tabacum gustare? — Ego id jam jam gustavi. — Quale tibi videtur? — Videtur mihi bonum esse. — Quin illud ex malis confectum vinum gustas? — Quia non sitio (non sum sitiens). — Quid est tibi nomen? — Nomen mihi est Carolus (Carolo, Caroli). — Quid est patri tuo nomen? — Est ei nomen Wilhelmus. — Non est ei nomen Fredericus (Frederico, Frederici)? — Non, verum Jacobus (*or* Jacobus est). — Estne hoc tibi honori? — Immo vero mihi dedecori est.

122. DICTATA CENTESIMA ALTERA ET VICESIMA.

Quem quæris? — Hominem quæro, qui mihi equum vendidit. — Quæritne cognatus tuus aliquem? — Quærit vero unum (*or* aliquem) ex notis suis. — Quærimusne nos aliquem? — Quærimus unum de vicinis nostris. — Quem tu (Tu quem) quæris? — Ego aliquem de nostris amicis quæro. — Quærisne unum (aliquem) ex servis meis? — Immo vero ego unum ex meis quæro. — Conatusne es ad avunculum (patruum) tuum loqui? — Conatus sum ad eum loqui. — Tentavistine patrem meum videre (visere)? — Tentavi eum videre (visere). — Potuistine eum videre (Fuitne tibi potestas ejus videndi)? — Non potui eum videre (Videre eum non quivi *or* nequivi). — Quem quæris? — Ego patrem meum quæro. — Quem tu quæris? — Ego sartorem quæro. — Quæritne hic homo aliquem? — Vero, te quærit. — Ecquid te quærunt? — Vero, me quærunt. — Mene quærunt? — Non te, verum (sed) aliquem de amicis tuis quærunt. — Quærisne medicum? — Vero, eum quæro. — Quid a me petis (postulas)? — Peto a te aliquid carnis (Te carnem rogo *or* postulo). — Quid me fraterculus tuus rogat? — Rogat te aliquantulum vini et aquæ. — Rogasne (Postulasne *or* Poscisne) me plagulam chartæ? — Te unam rogo. — Quot plagulas chartæ amicus tuus postulat? — Duas postulat. — Postulasne me libellum? — Postulo. — Quid rogavit (postulavit) consobrinus tuus? — Mala aliquot et frustulum panis postulavit. — Nondumne jentavit? — Vero, jam jentavit, sed tamen etiam nunc esurit. — Quid avunculus tuus poscit (postulat)? — Scyphum vini postulat. — Quid postulat Polonus? — Scyphulum vini adusti postulat. — Adhuc non bibit? — Vero, jam bibit quidem, verum tamen sitit etiam nunc.

123. DICTATA CENTESIMA VICESIMA TERTIA.

Cernisne (Notasne) hominem venientem (*or* qui venit)? — Non cerno (noto). — Quid cernis (notas)? — Ego montem magnum et ædiculam cerno (observo) — Non silvam quoque cernis (percipis)? — Cerno vero et eam (Eam quoque percipio). — Notasne homines, qui in hortos ineunt? — Non cerno (noto) eos, qui in hortos ineunt, verum illos, qui ad forum eunt. — Videsne hominem, cui ego pecuniam commodavi? — Non video eum, cui tu commodavisti, sed illum, qui tibi commodavit. — Notavistine (Observastine) domum parentium meorum? — Notavi. — Gaudesne (Delectarisne) pileo amplo? — Ego non pileo amplo, sed umbraculo magno delector. — Quid facere amas (delectaris)? — Scribere amo (delector). — Videsne puerculos illos lubens (Amasne videre puerculos illos)? — Vero, lubens eos video (Amo eos videre). — Appetisne cervisiam (Delectarisne or Amasne bibere cervisiam)? — Appeto (Bibere delector). — Num frater tuus vinum ex malis confectum appetit? — Non appetit. — Quid appetunt milites? — Vinum et aquam appetunt (bibere delectantur). — Utrum tu vinum appetis an aquam? — Utrumque (or ambo) appeto (or amo). — Gaudentne hi liberi studiis litterarum? — Gaudent vero et studiis litterarum et ludis (Gaudent non minus litteris studere, quam ludere). — Juvatne te legere et scribere? — Juvat me et legere et scribere (Gaudeo et legendo et scribendo). — Quam sæpe (Quoties) in die tu cibum sumere soles? — Quater. — Quotiens in die liberi tui bibunt (bibere solent)? — Iterum ac sæpius in die bibere solent. — Bibisne tam sæpe, quam (atque) illi? — Immo ego sæpius bibo. — Quoties in anno saltatum ire solet consobrinus tuus? — Bis in anno ire solet. — Isne tu tam sæpe, quam ille? — Ego nunquam eo. — Itne coquus tuus sæpe in forum? — Vero, eo it quotidie mane. — Isne sæpe ad avunculum meum (in domum avunculi mei)? — Eo ad eum (in domum ejus) sexies in anno. — Appetisne altilia? — Amo vero altilia, sed non appeto pisces. — Quid tu appetis? — Ego frustum panis et scyphum vini appeto (amo). — Quid piscium appetit frater tuus? — Esoces appetit. — Mandasne aliquid memoriæ? — Memoriæ mandare non delector. — Ecquid discipuli tui memoriæ committere delectantur? — Amant quidem operam dare litteris, sed memoriæ mandare non (minime) delectantur. — Quot in die pensa imperata peragunt (scribunt)? — Duo tantum peragunt (scribunt), sed ea bene peragunt. — Appetisne coffeam an theam? — Utrumque appeto (amo). — Legisne litteras (epistolam), quas (quam) ego ad te misi (dedi)? — Lego. — Comprehendisne eas (eam)? — Comprehendo. — Intelligisne hominem, qui tecum loquitur? — Non intelligo. — Cur eum non intelligis? — Eum idcirco non intelligo, quia nimis male loquitur. — Accepistine epistolam? — Accepi unam. — Visne ad eam rescribere (respondere)? — Rescripturus sum ad eam.

124. DICTATA CENTESIMA VICESIMA QUARTA.

Cogitasne hodie vesperi in theatrum ire? — Cogito inire, si tu (quoque) is. — Propositumne est patri tuo equum illum emere? — Est ei propositum eum emere, si pecuniam suam accipit (accipiat). — Propositumne est consobrino tuo in Angliam ire? — Propositum ei est eo ire, si ei solvunt (solvitur), quod ei debeant (debeatur). — Cogitasne saltatum ire? — Cogito eo ire, si amicus meus it. — Cogitatne frater tuus operam dare linguæ Germanicæ? — Operam ei dare cogitat, si doctorem bonum invenit (inveniat). — Qualis est tempestas hodie (hodierna)? — Tempestas egregia est (Sudum *or* serenissimum cœlum est). — Sudumne erat cœlum hesternum? — Immo vero mala erat heri tempestas. — Qualis erat cœli status hodie mane? — Malus erat, nunc autem cœlum serenum est. — Estne tempestas calida? — Vero, præcalida est. — Non frigida est tempestas? — Non frigida est. — Calidane tempestas est, an frigida? — Nec calida nec frigida est. — Ivistine rus nudius tertius? — Non (eo) ivi. — Cur eo non ivisti? — Eo non ivi propterea, quia mala erat tempestas. — Cogitasne cras rus ire? — Cogito eo ire, si tempestas bona (opportuna) est. — Clarumne est cubiculum tuum? — Non clarum est. — Visne in meo laborare (operari)? — Volo in eo (*or* ibi) laborare. — Estne clarum (ibi)? — Vero, admodum clarum est. — Potesne laborare (operari) in cubiculo tuo parvulo? — Laborare ibi non possum. — Cur non ibi laborare potes? — Laborare ibi ideo non possum, quia (*or* quod) nimis obscurum (cœcum) est. — Ubi nimis obscurum est? — In cubiculo meo parvo (Cubiculum meum parvum). — Clarumne est illud foramen? — Immo vero obscurum (tenebricosum, cœcum) est. — Siccæne sunt viæ? — Immo humidæ sunt. — Humidane est tempestas? — (Tempestas) non humida est. — Estne sicca cœli qualitas? — Vero, nimis sicca est. — Lucetne luna? — Luna (non lucet), humida est cœli qualitas. — Cur cœli qualitas sicca est? — Propterea, quod nimium solis et terra imbrium expers est. — Quando tu rus is? — Cogito eo ire cras, si tempestas serena est (sit), et si non (*or* nisi) pluit (pluat). — De quâ re loquitur patruus tuus? — De tempestate serenâ (De sudo cœlo) loquitur. — Loquiminine vos de pluviâ (de imbribus)? — Loquimur (de eâ *or* de iis). — Quâ de re loquuntur illi homines? — De tempestate serenâ et malâ colloquuntur. — Nonne de vento (de ventis) colloquuntur? — Etiam, de eo quoque colloquuntur. — Numquid tu de patruo meo loqueris? — Non de eo loquor. — De quo loqueris? — Ego de te et de parentibus tuis loquor. — Quærisne aliquem? — Avunculum tuum quæro; estne domi (domine est)? — Non, apud amicum suum optimum (apud amicissimum suum) est.

125. DICTATA CENTESIMA VICESIMA QUINTA.

Didicitne (Discebatne) consobrinus tuus linguam Germanicam? — Immo adeo in morbum incidit, ut eam discere non posset (*or* non potuerit). — Didicitne eam frater tuus? — Carebat magistro (doctore) bono, ut eam discere non posset. — Isne tu saltatum hodie vesperi? — Ægroto pedibus, ut (eo) ire non possim (Ego tam (ita *or* sic) pedibus ægroto, ut non ire possim). — Intellexistine, quod Anglus ille dixit (dicebat)? — Ego linguæ Anglicæ non peritus sum (Anglice non scio), ut intelligere non potuerim. — Ecquid tu equum illum emisti? — Pecuniā adeo carebam, ut (eum) emere non possem. — Isne rus pedibus (Pedibusne iter facis rus)? — Deest mihi pilentum, ut mihi pedibus ire necesse sit. — Vidistine hominem, a quo ego donum accepi? — (Eum) non vidi. — Vidistine equum formosum, de quo ego tecum colloquebar (collocutus sum)? — Vidi. — Viditne patruus tuus eos libros, de quibus tu cum eo sermonem habuisti (habebas)? — (Eos) vidit. — Num tu hominem vidisti, cujus liberi pœnā affecti sunt? — (Eum) non vidi. — Quocum sermonem habebas, quum in theatro esses? — Sermonem habebam cum homine, cujus frater canem meum formosum necavit. — Vidistine puerculum, cujus pater factus est causidicus (jurisconsultus)? — (Eum) vidi. — Quem in saltatione vidisti? — Homines ibi vidi (videbam), quorum equos et pilentum tu emisti. — Quem nunc vides? — Hominem video, cujus servus speculum meum confregit. — Ecquid tu hominem audivisti (audisti), cujus amicus mihi pecuniam commodavit? — Non audivi (audii). — Quem audivisti? — Ego centurionem Francogallicum, cujus filius mihi amicus est, audivi (audii). — Extersistine penicillo togam, de quā ego ad te locutus sum (*or* loquebar)? — Nondum (adhuc non) extersi. — Accepisti pecuniam, quā tibi opus erat (esset)? — (Eam) accepi. — Habeone (ego) chartam, quā indigeo? — Habes. — Habetne frater tuus libros, quibus ei opus erat? — Habet. — Habuistisne sermonem cum mercatoribus, quorum tabernam nos conduximus? — Habuimus (sermonem cum iis). — Locutusne es ad medicum, cujus filius operam dedit linguæ Germanicæ? — Locutus sum ad eum. — Vidistine homines (illos) pauperes, quorum domus deflagratæ (igni deletæ *or* absumptæ) sunt? — (Eos) vidi. — Perlegistisne libros, quos tibi commodavimus? — Perlegimus. — Quid de iis dicitis (sentitis)? — Optimos eos libros esse dicimus (affirmamus). — Habentne liberi tui id, quod eis opus sit? — Habent quod (quodcunque) eis opus est.

126. DICTATA CENTESIMA VICESIMA SEXTA.

De quo homine tu loqueris? — Loquor de illo, cujus frater inter milites relatus est (factus est miles). — De quibus liberis locutus es (loquebaris)? — Locutus sum (Loquebar) de iis, quorum parentes docti sunt. — Quem librum legisti? — Illum legi, de quo tecum heri colloquebar. — Quam chartam tenet consobrinus tuus? — Illam, quæ ei opus est (*or* quā indiget), tenet. — Quos pisces edit (manducavit)? — Eos, quos tu non appetis, edit. — Quibus libris eges (tibi opus est)? — Iis egeo, de quibus tu ad me locutus es. — Num eges iis, quos ego lego? — (Iis) non egeo. — Ecquis (Numquis) togis illis eget, de quibus sartor meus mecum collocutus est (*or* colloquebatur)? — Nemo iis eget (indiget). — Num liberos vides, quibus ego panificia dedi? — Eos non video. — Quibus liberis panificia danda sunt (dari oportet)? — Danda sunt (Dari oportet) iis, qui litteris bene student, et qui obedientes beneque morati sunt. — Quibus tu hominibus das, quod edant et bibant (ad edendum et bibendum)? — Illis, qui esuriunt et sitiunt. — Quorsum ille cursum suum direxit? — Cursum suum Vindobonam versus direxit (Iter movit Vindobonam versus). — Ubi (Quo loco) habitabas, quum ego Berolini essem? — Monaci habitabam. — Ubi (Quo loco) erat pater tuus, quum tu Basiliæ esses? — Argentorati erat. — Erasne in Hispaniā tum, quum ego ibi eram (essem)? *or* Erasne in Hispaniā eodem tempore mecum? — Non eram ibi illo tempore; in Italiā eram. — Quo tempore jentabas, cum in Germaniā esses? — Jentabam, quum pater meus jentabat (jentare solebat *or* soleret). — Num venire potest hodie medicus? — Venire non potest (nequit); nam ipse ægrotus est. — Estne verum, unumquemque hominum aut bonum aut malum esse? — Verum est. — Hoc pensum aut scribendum aut ediscendum est. — Nunquam nobis laudandi sunt illi, qui vel nequam vel ignavi sunt (sint). — Venitne ille domum tuam heri vesperi? — Capitis dolore adeo laborabat, ut venire non posset.

127. DICTATA CENTESIMA VICESIMA SEPTIMA.

Cogitasne unum pilentum emere? — Non possum unum emere; nam pecuniam meam adhuc non (or nondum) accepi. — Eundumne est mihi in theatrum? — Non tibi ineundum est; est enim mala tempestas. — Cur non is ad fratrem meum? — Nequeo ad eum ire (Ad eum ire non possum); nam solvere ei, quam ei debeo pecuniam, nondum possum (or pecuniam debitam ei solvere nondum queo or possum). — Quam ob rem hic præfectus militaris hominem istum gladio suo punctim vulnerat? — Gladio suo eum punctim vulnerat propterea, quod homo ei pugnum impegit. — Uter discipulorum colloqui incipit? — Qui (= Is, qui) assiduus (sedulus) est, colloqui incipit. — Quid facit alter, qui minus est? — Is quoque colloqui (or loqui) incipit, sed nec legere nec scribere potest. — Non observat ea, quæ tu ei dicis (imperas)? — Non observat (or curat), nisi eum verbero (verberibus cædo). — Quid facere solet, quum ad eum loqueris? — Post furnum sedet non verbum faciens. — Quo currit canis? — Post ædes (domum) currit. — Quid faciebat, quum eum verberabas (verberares)? — Latravit et post (pone versus) furnum cucurrit (cursu tetendit). — Cur patruus tuus canem illum miserum calce percutit? — Propterea, quod puerculum suum morsu vulneravit. — Quid causæ est, cur servus tuus aufugerit? — Ego eum (ita) verberibus castigavi (or *simply* verberavi or pulsavi), ut aufugerit (or aufugeret). — Quin illi liberi laborant? — Magister eorum eis colaphos impegit, ut laborare nolint. — Quam ob rem iis colaphos impegit? — Quia non obedientes erant. — Emisistine ictum sclopeto? — Vero, ictum emisi ter (ter sonum edidi). — Quem petiisti? — Petivi avem in arbore sedentem. — Petivistine hominem illum sclopeto? — Petivi eum sclopeto minoris modi. — Cur eum sclopeto minoris modi petiisti? — Propterea, quod me gladio punctim vulneravit. — Esne tu cupidus contentionis? — Non (ejus) cupidus sum. — Ego litterarum Latinarum perstudiosus sum. — Quid causæ est, quod frater tuus non laboret? — Quia laboris insuetus est. — Visne illius hominis similis esse (*or* te illius hominis similem esse)? — Similis ejus esse non cupio. — Fuitne (Eratne) Cyrus par Alexandri? — Par ejus non fuit. — Num est pater tuus juris peritus? — Non est peritus. — Estne urbs referta peregrinorum? — Vero, referta est. — Quis Romanorum eloquentiæ princeps fuit? — Cicero (princeps fuit). — Esne tu amans patriæ tuæ? — Etiam, ejus amantissimus sum. — Pa.iensne es inediæ atque frigoris (frigorisque)? — Immo vero (eorum) impatiens sum. — Estne ille laudis appetens? — Est ejus appetentissimus. — Quid (*or* Quales) nos esse oportet? — Nos intelligentiæ virtutisque sitientes esse oportet.

128. DICTATA CENTESIMA DUODETRICESIMA.

Apportavistine mihi librum, quem mihi promisisti? — (Apportare eum) oblitus sum. — Attulitne tibi patruus tuus, quæ tibi pollicitus est, muccinia? — Oblitus est mihi ea afferre. — Dedistine jam litteras ad amicum tuum? — Nondum mihi fuit otium ad litteras (ad eum) dandas. — Num ad parentes tuos litteras mittere oblitus es? — Litteras ad eos mittere non oblitus sum. — Cujus est hæc domus? — Centurionis Anglici est, cujus filius epistolam ad nos dedit (misit) — Estne hæc pecunia tua? — Mea est. — A quo eam accepisti? — (Accepi eam) ab homine, cujus liberos vidisti. — Cujus sunt silvæ illæ? — Regis sunt. — Cujus illi equi sunt? — Nostri sunt. — Dixistine (Nuntiavistine) fratri tuo, me hic (hoc loco) eum expectare (manere)? — Dicere (nuntiare) ei oblitus sum. — Estne ille filius tuus? — Non meus est; amici mei est. — Ubi (Quo loco) tuus est? — Dresdæ est. — Convenitne tibi iste pannus? — Mihi non convenit (non placet, non probatur); non alium habes? — Ego alium quidem habeo, sed carior hocce est. — Visne mihi cum ostendere? — Volo tibi eum ostendere. — Ecquid hæ caligæ avunculo tuo conveniunt (placent)? — (Ei) non conveniunt (placent), quia nimis caræ (*or* cariores) sunt (sint). — Suntne hæ caligæ illæ, de quibus tu nobiscum collocutus es? — Eædem sunt. — Convenitne tibi nobiscum ire? — (Mihi) non convenit. — Decetne te in forum ire? — Vero, me decet eo ire (Me eo ire non dedecet). — Ivistine tu rus pedibus? — Me non decet (Dedecet me) pedibus ire, ut eo rhedā vectus sim (veherer).

129. DICTATA CENTESIMA UNDETRICESIMA.

Quid tibi collibet (Quid imperas), domine? — Patrem tuum quæro. — Domine est (Estne domi)? — Non vero, domine, foris est. — Visne expectare (opperiri), dum (donec, quoad) revertatur? — Non est mihi tempus (spatium) ad expectandum. — Venditne hic mercator die cæcā (pecuniā non numeratā)? — Vendit vero pecuniā non præsenti. — Convenitne tibi emere pecuniā præsenti (numeratā)? — (Mihi) non convenit (non placet). — Ubi tu cultros istos bellos emisti? — Emi eos de mercatore, cujus tabernam tu heri vidisti (videbas). — Vendiditne tibi eos pecuniā non præsenti (die cæcā)? — Immo mihi eos pecuniā numeratā vendidit. — Ecquid tu sæpe (frequenter) pecuniā numerata (præsenti) emis? — Non tam sæpe, quam tu. — Oblitus es hic aliquid (Ecquid hic oblitus es)? — Nihil oblitus sum. — Convenitne (Placetne) tibi ediscere (memoriæ mandare or committere) hoc? — Bonā memoriā non instructus (or præditus) sum, ut memoriæ aliquid committere mihi non conveniat. — Processitne tibi epistola scribenda (Contigitne tibi, ut litteras scribas)? — Processit (Contigit). — Contigitne mercatoribus illis, ut equos suos venderent? — Non contigit. — Tentavistine atramentarium meum emundare (or ut atram. meum emundes)? — Tentavi quidem, sed non (parum or minus) processit (successit). — Proceduntne liberi tui in linguā Anglicā discendā? — Procedunt vero feliciter (prospere). — Estne (Inestne) vinum hoc in dolio? — Inest (in eo aliquantum). — Numquid vini hoc in scypho est? — Non (nihil) inest. — Utrum inest vinum an aqua? — Non inest neque vinum neque aqua. — Quid inest? — Acetum (inest). — Ecqui sunt homines in cubiculo tuo? — Insunt vero nonnulli. — Numquis in cellā penariā est (inest)? — Nemo inest. — Fueruntne (Erantne) multi homines in theatro? — Multi ibi fuerunt (inerant). — Multine sunt liberi, qui ludere nolint? — Multi quidem sunt, qui litteris studere (operam dare) nolint, sed pauci, qui ludere nolint. — Emundavistine riscum meum? — Tentavi vero facere hoc, sed minus (or non) processit. — Cogitasne unum umbraculum emere? — Cogito unum emere, si mercator id mihi pecuniā non numeratā vendit (vendere vult). — Num meum retinere cogitas? — Immo vero ego id tibi reddere cogito, si unum emo (emam).

130. DICTATA CENTESIMA TRICESIMA.

Quotiens tu avem (volucrem) illam sclopeto petiisti? — Ego eam bis petivi. — Occidistine eam? — Vero, eam secundo ictu occidi. — Occidistine avem (*or* volucrem) illam primo ictu? — Immo eam quarto ictu occidi. — Petisne telo ignifero aves, quas super domibus, an illas, quas in hortulis vides (conspicis)? — Ego non peto neque eas, quas super domibus, neque eas, quas in hortulis video, sed illas, quas in arboribus observo. — Quoties (Quam sæpe) nos telis igniferis petierunt hostes? — Petierunt nos semel atque iterum (iterum ac sæpius). — Ecquem (Num quem) occiderunt? — Nullum occiderunt. — Cupisne volucrem illam telo ignifero (*or* sclopeto) petere? — Cupio eam petere. — Cur non volucres illas sclopeto petis? — (Facere) non possum; nam pulvere pyrio careo. — Quot volucres sclopeto petiisti? — Petivi omnes, quas (*or* quascunque) oculis percepi; nullam tamen occidi; nam pulvis (pyrius) meus nequam erat. — Conjecistine oculos in illum hominem? — Vero, conjeci (oculos in eum). — Vidıtne (Notavitne) te patruus tuus? — Ego eum præterii, et tamen ille me non vidit (videbat *or* notabat); laborat enim oculorum infirmitate. — Fecitne tibi vir ille dolorem (Nocuitne tibi ille vir)? — Minime, domine; dolorem mihi nullum fecit (mihi non nocuit). — Quid faciendum est alicui, ut ametur (*or* nobis, ut amemur)? — Tribuenda sunt (nobis) beneficia iis, qui nobis injuriam intulerunt. — Nosne vobis unquam injuriam (detrimentum) intulimus? — Immo nobis potius beneficia tribuistis (nos beneficiis ornavistis). — Num cui injuriam infers (Numquid tu cuiquam noces)? — Nulli ego injuriam infero (Nemini nocere soleo). — Quid causæ est, cur tu his liberis dolorem (*or* ægre) feceris? — Ego iis nullum dolorem feci. — Effecine ego tibi dolorem? — Non tu, sed liberi tui, mihi dolorem fecistis. — Quid tibi doloris fecerunt (Quid injuriæ tibi intulerunt)? — Me in hortum rapuerunt (abripuerunt), ut me verberarent (*or* verberibus cæderent). — Ecquid te verberibus ceciderunt (verberaverunt)? — Me non ceciderunt; nam aufugi. — Estne frater tuus, qui filio meo nocuit? — Minime, domine, frater meus non est; nam is nemini unquam nocuit. — Bibistine de illo vino (Ecquid de vino illo bibisti)? — Bibi de eo, et mihi profuit (utile fuit, conducebat). — Quid tu de libro meo fecisti? — Imposui eum mensæ (in mensâ). — Ubi nunc jacet (posita est)? — In (*or* super) mensā jacet. — Ubi sunt digitabula mea? — Posita sunt in sellā. — Ubi est baculum meum? — In flumen injectum est. — Quis id injecit? — Accusatusne est alicujus maleficii (sceleris)? — Non maleficii (sceleris), sed avaritiæ accusatus est. — Obligantne se proditionis? — Vero, proditionis et impietatis se obligant. — Absolvitne judex eos culpæ? — Non absolvit. — Estne liber factus tuus (Tuusne factus est liber)? — Non, fratris mei factus est. — Interestne (Refertne) tuā, me litteras dare ad amicum tuum? — Immo humanitatis plurimum refert, te litteras ad eum mittere. — Cujus est errare? — Cujusvis hominis est errare. — Estne meum facere id, quod justum est (sit)? — Est vero cujusvis hominis facere, quod justum est (sit).

131. DICTATA CENTESIMA UNA ET TRICESIMA.

Ego digitabula mea non video; ubinam sunt? — In flumine jacent. — Quis ea injecit? — Famulus tuus, propterea quod non amplius ulli usui fuerunt (*or* essent). — Quid tu de pecuniā tuā fecisti? — Domum eā emi. — Quid de (ex) illo ligno fecit faber tignarius? — Unam mensam et duas sellas ex eo fecit. — Quid fecit sartor ex (de) panno, quem ei dedisti? — Vestes ex eo fecit liberis tuis et meis. — Quid fecit pistor ex (de) farinā, quam tu ei vendidisti? — Panem ex eā fecit tibi mihique (tuā et meā causā). — Inventine sunt equi? — Inventi sunt. — Ubi inventi (*or* reperti) sunt? — Inventi (Reperti) sunt post silvam, citra flumen (fluvium). — Esne ab aliquo visus (Tun' ab aliquo visus es)? — Visus sum a nemine (*or dat.* nemini). — Præterivistine aliquem? — Ego te præterii, sed tu me non vidisti (observasti). — Ecquis (Num quis) te præteriit? — Nemo me præteriit. — Quā re ager cingitur? — Cingitur arboribus. — Quo morbo pater tuus mortuus est? — Non morbo ullo mortuus est, verum senectute. — Ecquid puniti sunt illi negligentiā? — Puniti sunt. — Ægerne est frater tuus vulneribus acceptis (*or* quæ acceperat)? — Non, æger est capitis doloribus. — Secasne carnem cultro? — Seco eam cultro et furcā (ego eam cultro et furcā seco). — Utrum tibi injuria facta est (fiebat) vi an fraude? — Facta est mihi (*or* Fiebat mihi) injuria et vi et fraude (*or* non minus vi, quam fraude).

132. DICTATA CENTESIMA ALTERA ET TRICESIMA.

Expectasne aliquem? — Vero, ego præfectum militarem, patruelem meum, expecto. — Non eum vidisti? — Etiam, ego eum hodie mane vidi; domum meam præteriit (præteribat). — Quid hic juvenis opperitur? — Pecuniam opperitur. — Opperirisne aliquid? — Etiam, librum meum opperior (exspecto). — Opperiturne (Exspectatne) hic juvenis pecuniam suam? — Opperitur (exspectat). — Prætervectusne est rex hunc locum? — Non hunc locum, verum theatrum prætervectus est. — Nonne fontem novum prætervectus est? — Sane quidem, prætervectus est, sed ego eum non vidi (videbam). — (In) quâ re tempus consumis? — Tempus in studiis litterarum consumo (contero). — (In) quâ re tempus conterit frater tuus? — Tempus (in) legendo et ludendo conterit (consumit). — Consumitne hic homo tempus laborando? — Homo nihili est; tempus (suum) in bibendo et ludendo consumit (fallit). — In quâ re tu tempus consumpsisti, quum Berolini esses? — Cum Berolini essem, ego tempus consumpsi in legendo et equitando. — In quâ re liberi tui tempus conterunt? — Tempus in discendo conterunt. — Potesne mihi solvere debita (*or* id quod mihi debes)? — Solvere tibi non possum; nam quæsitor noster mihi pecunias meas afferre neglexit (prætermisit). — Quam ob rem vos sine me (me absente) jentavistis? — Tu horâ nonâ venire neglexisti, ut sine te jentaverimus. — Attulitne tibi mercator textum, quod apud eum emisti? — Id mihi afferre neglexit (prætermisit). — Vendiditne tibi id pecuniâ non numeratâ (*or* die cæcâ)? — Immo vero id mihi pecuniâ præsenti vendidit. — Novistine illos homines? — Eos non novi (Mihi non noti sunt), sed eos nequissimos esse homines credo (arbitror); tempus enim in ludendo consumunt (consumere, conterere *or* fallere solent). — Cur tu hodie mane ad patrem meum venire neglexisti (prætermisisti)? — Sartor mihi togam, quam promisit (*or* promiserat), non attulit (*or* afferre prætermisit), ut ad eum ire non possem (nequirem).

133. DICTATA CENTESIMA TRICESIMA TERTIA.

Fuistine aliquando hoc in vico? — Infui ibi diversis temporibus (iterum ac sæpius). — Multine in eo (*or* ibi) equi reperiuntur (Estne in eo copia equorum)? — Ne unus quidem in eo reperitur (*or* inest). — Fuistine jam (*or* aliquando) illā in terrā? — Semel in eā fui. — Reperiunturne ibi multi viri docti? — Multi quidem reperiuntur, sed tempus legendo (*or* librorum lectione) conterunt. — Insuntne in illo vico multi liberi studiosi? — Sunt quidem multi, sed et alii sunt, qui litteris studere nolint. — Sciuntne rustici hujus vici (pagi) artem legendi et scribendi? — Alii eorum legere sciunt, alii scribere, sed non legere, (et) multi et legere et scribere (*or* quum legere, tum scribere); pauci sunt, qui nec legere nec scribere didicerint. — Scripsistisne vos pensa imperata (*or* dictata)? — Vero, ea scripsimus (peregimus). — Multane vitia (menda) in iis reperiuntur (*or* insunt)? — Nulla vitia (in iis) reperiuntur; eramus enim valde assidui (perstudiosi). — Habetne amicus tuus multos filios? — Immo unum tantum habet; is vero nihili est; nam litteris studere non vult. — (In) quā re tempus consumit (conterere solet)? — Tempus consumit (in) ludendo et currendo. — Quam ob rem pater ejus eum non punit (Quid causæ est, cur pater ejus eum non puniat)? — Punire eum non audet. — Quid fecisti (de) texto (panno), quod (quem) emisti? — Abjeci; nam inutile (*or* nulli usui) erat. — Quomodo (Quemadmodum) epistolam suam scripsit filius tuus? — Scripsit eam cum multā curā diligentiāque. — Negligentissime eam scripsit. — Audiistine fraterculum tuum litterarum syllabas ordinare? — Audivi eum patientiā et silentio. — Estne amicus tuus natione Anglus? — Non, Francogallus genere (*or* domo) est. — Esne tu genere (*or* natione) Americanus? — Non vero, Germanus sum. — Illine Romani sunt? — Non, Russi sunt. — Quot sunt? — Centum numero sunt. — Nobisne pares sunt industriā? — Nobis non pares sunt. — Non nobis humanitate præstant? — Nobis non præstant. — Nos illis diligentiā non inferiores sumus. — Estne noster amicus vir magno ingenio? — Est vero vir summo ingenio et præstantissimā virtute. — Homines illi humili staturā, mediocri ingenio, nullāque virtute sunt.

134. DICTATA CENTESIMA TRICESIMA QUARTA.

Esne jam diu Lutetiæ (Estne jam longum tempus, ex quo (*or* cum) Lutetiæ es? — Quattuor annos (*or* Quattuor anni sunt). — Estne frater tuus jam diu Londini? — Decem jam anni sunt, ex quo (*or* cum) ibi est. — Estne jam longum tempus, ex quo cœnavisti? — Est vero jam longum (*or* dudum), ex quo cœnavi, sed non longum est, ex quo cibum vespertinum sumpsi. — Quam dudum est, cum cibum vespertinum sumpsisti? — Duæ horæ et dimidia sunt (Altera jam hora et dimidia est). — Estne longum tempus, ex quo litteras a patre tuo (non) accepisti? — Non longum (haud dudum) est, quum unas ab eo accepi. — Quam diu est, ex quo epistolam accepisti ab amico tuo, qui in Germaniâ est? — Tertius jam mensis est, ex quo unam accepi. — Estne jam diu, ex quo (quum) cum homine locutus es, cujus filius tibi pecuniam commodavit? — Haud dudum est, ex quo cum eo locutus sum. — Estne jam longum tempus, quum (*or* quod) * parentes tuos (non) vidisti? — Jam perdiu est, ex quo eos (non) vidi. — Estne jam diu, quum amici mei filius domæ tuæ habitat (*or* Habitatne amici mei filius jam longum domæ tuæ)? — Duæ jam hebdomadæ sunt, ex quo ibi habitat (Duas jam hebdomadas ibi habitat). — Quam diu tu hos libros jam habes? — Ego eos jam hos tres menses habeo (Tertium jam mensem eos habeo). — Quam longum (tempus) est, ex quo consobrinus tuus profectus est? — Amplius jam mense (*or* mensis) est, ex quo (*or* quum) profectus est. — Quid factum est de homine (*or* homini), qui Anglice tam bene loquebatur? — Haud scio, quid de eo (*or* ei) factum sit; nam jam dudum (longum *or* diu) est, cum eum non vidi. — Estne jam longum tempus (*or* diu), ex quo nuntium accepisti de præfecto militari, qui amicum tuum gladii ictu vulneravit? — Amplius jam anno est, cum de eo nuntium (non) accepi. — Quam diu est, cum linguam Germanicam discis? — Tertius tantum mensis est, ex quo eam disco (*or* Tertium tantum mensem eam disco). — Potesne eam jam loqui? — Tu vides (perspectum habes), me jam initium loquendi facere (*or* me jam loqui incipere *or* cœpisse). — Estne jam diu, ex quo (*or* cum) liberi equitis Francogallici eam discunt? — Quintus jam annus est, ex quo eam discunt (Quinque jam annos eam discunt), et tamen nondum loqui cœperunt (incipiunt). — Quid causæ est, quod eam loqui non possint? — Loqui ob eam rem non possunt, quod eam male discunt. — Quam longum tempus est, ex quo hi liberi non biberunt? — Abhinc quadrantem horæ biberunt. — Quamdiu jam amicus tuus in Hispaniâ est? — Unum jam mensem ibi est. — Quando tu fratri meo

* Compare Grammar, page 299, 5, *C.*

obviam venisti? — Ego ei abhinc quattuordecim dies (duabus abhinc hebdomadis) obviam veniebam. — Suntne multi milites in terrâ (*or* patriâ) tuâ? — Est ibi legio trium milium hominum. — Quam longum tempus ego consobrini tui pecuniam retinui? — Retinuisti eâm ad (*or* circiter) unum annum.

135. DICTATA CENTESIMA TRICESIMA QUINTA.

Quis est homo, qui modo (*or* recens) ad te locutus est (*or* tecum loquebatur)? — Homo doctus est. — Quid modo apportavit sutor? — Caligas et calceos, quos (*or* quæ) nobis confecit, apportavit (attulit). — Qui sunt homines, qui modo advenerunt? — Philosophi sunt. — Cujates sunt? — Londinenses (domo) sunt. — Quis est homo, qui modo profectus est? — Anglus est, qui omnes suas facultates (patrimonium suum integrum) in Francogalliâ dilapidavit. — Cujas es? — Ego Hispanus sum, et amicus meus Italus est. — Visne fabrum claustrarium arcessere? — Cur me oportet fabrum claustrarium arcessere? — Necesse est faciat mihi clavem; perdidi enim illam, quæ ad cubiculum meum pertinet. — Ubi heri cœnavit patruus tuus? — Apud hospitem (cauponem) cœnavit. — Quid sumptus fecit? — Tres thaleros confecit (sumptum trium thalerorum fecit). — Quantum reditum menstruum pecuniæ ad sumptum habet? — Menstruum reditum ducentorum florenorum ad sumptum habet. — Estne opus (*or* necesse), me ad ephippiorum artificem ire? — Opus est te ad eum ire; nam opus est, ut ephippium reficiat. — Vidistine aliquem in foro? — Vidi vero ibi multos homines (multitudinem hominum). — Quomodo vestiti sunt? — Alii veste caeruleâ, alii viridi, alii flavâ, et nonnulli rubrâ induti sunt. — Quanti tu equum tuum emisti? — Ego eum viginti (libris) pondo auri emi. — Vendiditne domum suam magno? — Vendidit vero magno; vendidit eam denis milibus talentorum (*or* decies mille talentis). — Constiteruntne tibi libri tui tanti, quanti mihi mei? — Tantidem mihi constitere; constiterunt mihi mille aureis. — Quanti habitas? — Denis thaleris in singulos menses habito. — Quanti doceris? — Doceor quinquaginta thaleris. — Quanti est frumentum hac in regione? — Medimnus frumenti hac in regione dimidio tantum thaleri est.

136. DICTATA CENTESIMA TRICESIMA SEXTA.

Qui sunt illi homines? — Is, qui canā veste indutus est, vicinus meus est, et ille nigrā togā indutus, medicus est, cujus filius vicinum meum fusti verberavit. — Quis est homo (vir) ille togā viridi indutus? — Unus de cognatis meis est. — Tun' Berolinensis domo es? — Non, Dresdensis sum. — Quantam pecuniam liberi tui hodie expenderunt? — Pauxillam tantum expenderunt; unum tantum thalerum expenderunt. — Ministratne tibi homo ille bene? — Bene mihi quidem ministrat; sed nimis expendit (diffundit). — Visne hunc famulum in servitium tuum recipere? — Volo eum recipere (*or* conducere), si mihi parate (bene) ministrare vult. — Possumne hunc servum in famulatum apud me recipere (*or* conducere)? — Potes eum recipere (conducere); nam mihi admodum bene (parate) ministravit. — Quam diu est, ex quo tibi ministrat? — Duo tantum menses sunt. — Eratne longum tempus in tuo ministerio (in famulatu apud te)? — In famulatu erat apud me sex annos. — Quantam mercedem dedisti ei in anno? — Dedi (dabam) ei centum thaleros. — Alebaturne a te (Utebaturne victu tuo)? — Vero, alebatur. — Quid ei ad manducandum dabas? — Dabam ei, quodcunque ego ipse edebam. — Probatusne tibi est? — Vero, mihi valde probatus est. — Vacatne culpā? — Prorsus vacat. — Num terra hæcce auro abundat? — Non abundat. — Implevitne scyphum suum vino? — Vero, eum mero implevit. — Decoratne domum suam picturis (tabulis pictis)? — Decorat. — Visne nos metu liberare? — Liberare te non queo (non possum). — Expulsine sunt patriā suā? — Non expulsi sunt.

137. DICTATA CENTESIMA TRICESIMA SEPTIMA.

Quam diu frater tuus jam (ex) urbe abest? — Duodecimum jam mensem abest (Duodecim jam menses sunt, ex quo abest). — Jussusne est patriā decedere? — Jussus est. — Ecquid in patriā tuā multi sunt philosophi? — Sunt vero in eā tam multi quam quot in tuā (*or* Quot in tuā, tot in eā sunt). — Quomodo hic pileus me decet (mihi convenit)? — Te optime decet (Tibi optime convenit *or* sedet). — Quomodo hic pileus fratri tuo sedet (convenit)? — Mirifice (pulcherrime) ei sedet (convenit). — Estne frater tuus tam grandis, quam tu? — Grandior est, quam ego sum, sed ego eo major natu sum. — Quam altus (cujus altitudinis) hic homo est? — Quinque pedes et quattuor digitos altus est. — Quam alta est hospitis nostri domus? — Alta est sexaginta pedes (or Sexaginta pedum est). — Estne puteus tuus altus (= profundus)? — Etiam, domine, quinquaginta pedes altus est (Pedum quinquaginta est). — Quam diu illi homines jam in servitio patris tui sunt? — Amplius jam tertium annum in ejus servitio sunt (Amplius jam tres anni sunt, ex quo (or quum or quod) in famulatu apud eum sunt). — Estne jam diu, quum consobrinus tuus Lutetiæ Parisiorum est? — Sex prope anni sunt, ex quo (or cum) ibi est (habitat) or Ad sextum annum ibi est (habitat). — Quis cultrum meum perdidit? — Nemo eum perdidit; nam perditus jam erat tum, quum nobis eo opus fuit (or esset). — Estne verum, patruum tuum advenisse? — Affirmo tibi, eum advenisse (Persuadeas tibi volo, eum advenisse). — Estne verum, eum tibi affirmavisse, se tuis consiliis non defuturum? — Persuadeas tibi volo, id verum esse. — Estne verum, milia illa sex hominum, quos expectaveramus, advenisse? — Mihi ita nuntiatum est. — Visne cœnare apud nos? — Cœnare apud vos non possum (nequeo); nam modo jam manducavi. — Abjicisne pileum tuum (Num pileum tuum abjicis)? — Non abjicio; convenit (sedet) enim mihi mirifice. — Venditne amicus tuus togam suam? — Non vendit; nam ei mirifice convenit. — "Multi docti homines Berolini sunt; nonne ita est?" Sic interrogabat Cuvier hominem quendam domo Berolinensem. — "Non tam multi," respondit homo Berolinensis, "quam quot illo tempore, quum tu ipse ibi aderas (adesses)."

138. DICTATA CENTESIMA DUODEQUADRAGESIMA.

Quam ob rem te hominis illius miseret? — Ego eum ob eam causam commiseror, quod pecunias suas apud mercatorem quendam Hamburgensem deposuit, quas homo ille non vult ei reddere (or reddere recusat). — Num civi isti quidquam credis? — Ego ei nihil credo (committo). — Retinuitne tibi jam aliquid? — Ego ei nunquam quidquam mandavi (credidi or commisi), ut nunquam mihi quidquam retinuerit. — Visne pecunias tuas patri meo demandare (committere)? —

Volo ei eas demandare *or* committere. — Quæ occulta filius meus tibi credidit? — Quæ mihi credidit, ea tibi credere non possum; nam me rogavit, ut rem reticerem (*or* occultam tenerem). — Cui tu secreta tua credis? — Ego ea nemini (nulli) credo, ut nemo ea sciat. — Ornatusne est frater tuus præmio? — Immo potius pœnâ affectus est; sed te oro atque rogo, ut rem reticeas; nam nemo ejus conscius est. — Quid ei accidit? — Dicere tibi non nolo, quod ei acciderit, si mihi polliceris, te rem occultam habiturum (*or* fore, ut rem reticeas). — Pollicerisne (Promittisne), te rem tacitam habiturum (*or* fore, ut rem reticeas *or* celes)? — Vero, ego tibi polliceor; nam me ejus toto pectore miseret (*or* commiseror enim eum toto animo). — Ducisne (*or* Putasne) hoc dignitate tuâ alienum? — Non ita duco (puto). — Fungiturne ille justitiæ officiis? — Factum est. — Perfunctusne es iisdem periculis, quibus ego perfunctus sum? — Non iisdem perfunctus sum. — Quo (cibo) vescuntur? — Vescuntur piscibus et lacte. — Quis impedimentis potitus est? — Milites iis potiti sunt. — Quâ re lætaris? — Ego virtutis conscientiâ lætor. — Ecquid virtus ejus (*or* illius) imitatione digna est? — Non (eâ) digna est.

139. DICTATA CENTESIMA UNDEQUADRAGESIMA.

Quem commiseraris (Cujus te miseret)? — Ego amicum tuum commiseror (Me amici tui miseret). — Cur eum commiseraris (Quid causæ est, quod te ejus misereat)? — Eum commiseror propterea, quod æger est. — Ecquem mercatores Berolinenses commiserantur? — Neminem miserantur. — Offersne mihi aliquid? — Ego tibi anulum aureum offero (defero). — Quid tibi pater meus obtulit? — Mihi librum bonum obtulit (detulit). — Cui tu equos istos formosos offers (defers)? — Ego eos præfecto militari Francogallo offero (defero). — Offersne tu avunculo meo pilentum illud pulchrum? — Id ei offero (defero). — Offersne his liberis bonis caniculum meum bellum? — (Eum iis) offero; amo enim eos toto pectore. — Quid tibi detulerunt (*or* obtulere)? — Detulerunt mihi cervisiam bonam et carnem salsam (*or* sale conditam). — Cui tu pecuniam offers (defers *or* polliceris)? — Ego civibus (*or* oppidanis) illis Parisiensibus, qui mihi operam suam professi sunt, nonnullam offero. — Visne vestes meas curare (tibi curæ habere)? — Volo eas curare. — Ecquid pileum meum curare vis? — Volo eum curare (mihi curæ habere). — Habesne tibi curæ librum, quem ego tibi commodavi? — Habeo eum mihi curæ. — Vultne hic homo equo meo providere? — Vult ei providere (eum curare). — Quis servo meo providere (consulere) vult? — Hospes ei providere vult. — Curatne servus tuus equos tuos? — Curat. — Habetne sibi curæ vestes tuas? — Habet eas sibi curæ; exterget enim eas penicillo quotidie mane. — Ecquid tu aliquando (unquam) cerevisiam Argentoratensem bibisti? — Nunquam bibi. — Estne jam diu, ex quo tu panem Lipsiensem edisti (edebas *or* manducabas)? — Tertius fere annus est, ex quo nullum edi. — Ducitne se sine periculo? — Nunquam, inimico suo vivo, se sine periculo ducere (putare) potest. — Salvane est respublica? — Quomodo salva esse potest his magistratibus?

140. DICTATA CENTESIMA QUADRAGESIMA.

Fecistine sororis meæ marito aliquid doloris? — Ego ei nihil doloris feci (effeci); is ipse autem digitum meum vulneravit. — Quâ re tibi digitum vulneravit (secuit)? — (Vulneravit eum) cultro, quem ei commodavisti. — Quam ob rem tu puero illo pugnum (*or* colaphum) impegisti? — Propterea, quod me ad dormiendum retardabat. — Impediitne te aliquis, quominus scriberes (Retardavitne te aliquis a scribendo *or* ad scribendum)? — Nemo me impedivit, quominus scriberem; ego autem quemdam (aliquem) impedivi, quominus consobrino tuo noceret. — Advenitne pater tuus? — Omnes ajunt (In ore omnium est), eum advenisse; sed ego eum nondum (adhuc non) vidi. — Effecitne medicus filio tuo aliquid doloris? — Effecit ei dolorem; nam digitum ejus secuit (incidit). — Amputaveruntne crus hujus hominis? — Vero, id omnino amputaverunt. — Probaturne tibi servus tuus? — Valde mihi probatur; nam omnium horarum homo est. — Quid potest? — Nihil non potest (Omnia potest). — Potestne (Scitne) equitare (*or* Peritusne est artis equitandi)? — Potest (Scit). — Revertitne frater tuus tandem ex Germaniâ? — Vero, inde revertit, et tibi equum pulchrum secum adduxit. — Imperavitne stabulario suo, ut eum ad me duceret? — Imperavit (ei, ut eum ad te duceret) *or simply* Factum est. — Quid de illo equo censes (putas)? — Puto eum pulchrum bonumque esse, et te rogo, ut eum in stabulum ducas. — In quâ re (*or* Quomodo) tu tempus heri consumebas (conterebas)? — Ego ad ambulationem publicam prodivi, et postea concentum obii. — Erantne multi homines in ambulacro publico? — Erat vero ibi magna vis hominum. — Quando frater tuus domum revertit? — Sole oriente revertit. — Quando natus est Augustus? — Cicerone consule natus est. — Cupisne linguam Latinam discere? — Discere eam, te duce et præceptore, non nolo. — Audito amicum tuum advenisse, statim ego ei obviam ire constitui. — Quam ob rem hi homines pœnā affecti sunt (afficiebantur)? — Officiis neglectis pœnā affecti sunt (afficiebantur).

141. DICTATA CENTESIMA UNA ET QUADRAGESIMA.

Quid agebas (egisti), quum litteras tuas conclusisses? — Ad fratrem meum ivi, qui me secum in theatrum deduxit, ubi unum de amicis meis, quem multis annis non videram, inveniebam (inveni). — Quid tu hodie mane, jentaculo sumpto, faciebas (fecisti)? — Postquam epistolam comitis Polonici perlegi (epistolā comitis Polonici perlectā), ego domo exii, ut theatrum principis, quod antea non videram (or vidissem), spectarem. — Quid fecit (egit) pater tuus hodie mane, postquam e lecto surrexit (quum e lecto surrexisset)? — Jentavit et domo exiit. — Quid agebat amicus tuus actis publicis lectis (or quum acta publica legisset)? — Exivit (Exiit) ad baronem. — Secuitne (Secabatne) carnem pane secto (quum panem secuisset)? — Immo vero panem secuit, postquam carnem secuit (or Panem carne sectā secuit). — Quando (Quo tempore) tu proficisceris? — Cras proficiscor (proficisci cogito); sed antequam proficiscor, amicos meos iterum videre (or visere) cupio. — Quid liberi tui, jentaculo sumpto, egerunt (agebant)? — In publicum cum caro (or carissimo) suo præceptore prodierunt (prodibant). — Quo ivit (ibat) patruus tuus, quum cœnavisset (postquam or ubi cœnavit)? — Nusquam ivit (ibat); domi se tenuit (tenebat) litteras suas scribens (or et litteras suas scripsit). — Quid agere (or facere) soles, cibo vespertino sumpto (or quum cibum vespertinum sumpseris)? — In lectum me conferre soleo. — Quotā horā tu hodie mane e lecto surrexisti? — Ego quintā horā surrexi. — Quid fecit consobrinus tuus, quum de amici sui morte certior factus esset (or quum amici sui mortem cognovisset or simply de amici sui morte certior factus)? — Valde dolebat et cubitum ivit, non verbum faciens. — Legistine (Legebasne), priusquam jentavisti? — Immo vero ego jentaculo sumpto (*or* postquam jentavi) libros legi (*or* legebam). — Ivistine cubitum, quum cibum vespertinum sumpsisses? — Cibo vespertino sumpto, ego epistolas meas scripsi, et deinde cubitum ivi. — Dolesne cognati tui morte? — Doleo vero vehementer. — Quando mortuus est amicus tuus? — Mense proxime elapso mortuus est. — Quid quereris? — De puero tuo (*or* Puerum tuum) queror. — Quam ob rem de eo quereris? — Propterea, quod occidit canem bellum, quem ab uno de amicis meis acceperam. — De quâ re avunculus tuus questus est? — De facto tuo questus est (Questus est id, quod tu fecisti). — Ecquid de epistolâ, quam ad eum misi, conquestus est? — De eâ questus est.

142. DICTATA CENTESIMA ALTERA ET QUADRAGESIMA.

Quam longe abest Lutetia (a) Londino? — Lutetia (a) Londino milia passuum fere centum et quadraginta abest (*or* distat). — Quam longe est hinc Hamburgium? — Longe (Longule) est. — Estne longe hinc Vindobonam? — Milia passuum fere (circiter) centum et quadraginta sunt hinc Vindobonam. — Estne longius (a) Berolino Dresdam, quam (a) Lipsiâ Berolinum (*or* Distatne Dresda longius (a) Berolino, quam Berolinum (a) Lipsiâ)? — Longius est (a) Berolino Dresdam, quam (a) Lipsiâ Berolinum (*or* Longius abest Dresda a Berolino, quam Berolinum Lipsiâ). — Quam longe abest Berolinum (a) Lutetiâ Parisiorum (Quam longe est a Lutetiâ Berolinum)? — Centum fere et triginta milia passuum hinc Berolinum sunt. — Cogitasne brevi tempore (*or* mox *or* propediem) Berolinum ire? — Cogito eo brevi (propediem) ire. — Quam ob rem hoc tempore eo ire vis? — (Eo ire volo), ut libros bonos et equum bonum ibi emem, et ut amicos meos bonos visam. — Diune est, cum ibi non fuisti? — Duo fere anni sunt, ex quo ibi non fui. — Isne Vindobonam hoc anno? — Non eo; nam nimis longe est hinc Vindobonam. — Longumne tempus (Diune) est, ex quo amicum tuum Hamburgensem (non) vidisti? — Immo solum quattuordecim dies sunt, ex quo eum vidi (videbam) *or* Immo eum vidi abhinc quattuordecim dies. — Ecquid discipuli tui memoriæ mandare delectantur? — Memoriæ mandare (committere) non delectantur (non amant) ; legere et scribere potius, quam memoriæ mandare, malunt (Legunt et scribunt libentius, quam memoriæ mandant). — Bibisne cerevisiam libentius, quam vinum ex malis confectum? — Immo vero ego vinum ex malis confectum potius, quam cerevisiam, bibere malo (*or* Vinum ex malis confectum cerevisiæ antefero, præfero *or* antepono). — Amatne (*or* Delectaturne) frater tuus ludere? — Immo litteris operam dare mavult, quam ludere (*or* Libentius litteris operam dat, quam ludit). — Anteponisne (Præfersne) carnem pani? — Immo potius hanc illi antefero. — Mavisne bibere (magis), quam edere (manducare)? — Immo ego manducare potius, quam bibere malo; sed patruus meus bibere (potare) mavult, quam manducare. — Anteponitne levir tuus carnes piscibus? — Immo potius pisces carnibus anteponit *or* præfert (Pisces edere mavult, quam carnes). — Mavisne scribere, quam dicere (*or* loqui)? — Utrumque libenti animo facio. — Manducasne altilia libentius, quam pisces? — Numquid tu mel bonum saccharo antefers (anteponis *or* præfers)? — Neutrum amo.

143. DICTATA CENTESIMA QUADRAGESIMA TERTIA.

Sumitne (Bibitne) pater tuus coffeam libentius, quam theam? — Neutram amat. — Quid bibis (bibere soles) mane? — Ego poculum aquæ cum aliquantulo sacchari bibere soleo; pater meus bonam coffeam, frater meus minor natu bonam theam, et sororis meæ maritus scyphum vini boni bibere (sumere) solent. — Potesne intelligere, quod tibi dico? — Non vero, domine; nam nimis celeriter (celerius) loqueris. — Visne esse tam benignus, ut non tam celeriter (minus celeriter *or* lentius) loquare? — Volo minus celeriter loqui, si mihi auscultare (*or* aures dare) vis. — Num intelligere potes, quod frater meus tibi dicit? — Tam celeriter loquitur, ut intelligere non possim. — Ecquid discipuli tui ea, quæ tu iis dicis, intelligere possunt? — Vero, ea, quæ iis dico, intelligunt, quum (*or* si) lente loquor; nam ut alicujus sententia capiatur (intelligatur), necesse est loquatur lentius. — Cur tu non quidquam (*or* nihil) de illo mercatore emis? — Erat mihi voluntas emendi de eo (ab eo) aliquoties duodena mucciniorum, aliqua focalia atque pileum album; sed omnia tam care vendit, ut nihil de eo (ab eo) emere possim (*or* queam). — Visne me ad alium ducere? — Volo te ad filium illius ducere, de quo anno proxime elapso emisti. — Ecquid (Numquid) æque care vendit atque hicce? — Immo minore pretio (*or* ære pauciore) vendit. — Mavisne in theatrum, quam ad concentum, ire? — Immo ego ad concentum æque libenter, quam in theatrum eo; sed (ad) ambulacrum publicum adire non delector; nam reperiuntur (reperiri solent) ibi nimis multi homines. — Ecquid liberi tui libentius Italicam linguam discunt, quam Hispanicam? — Neutram libenti animo discunt; Germanicam solam discere delectantur (*or* amant). — Maluntne loqui potius, quam scribere? — Neutrum libenter faciunt. — Appetisne (Amasne) vervecinam? — Immo vero bubulam vervecinæ antefero. — Eduntne liberi tui panificia libentius, quam panem? — Utrumque amant (appetunt). — Numquid ille omnes, quos emerat, libros perlegit? — Tam multos eorum emit (comparavit), ut omnes perlegere non possit. — Cupisne aliquot epistolas scribere? — Ego earum jam tam multas scripsi, ut plures scribere non possim.

144. DICTATA CENTESIMA QUADRAGESIMA QUARTA.

Utrum epistolas scripsisti longas an breves? — Ego et longas et breves (*or* longas non minus, quam breves *or* tum longas tum breves) scripsi. — Habesne multa mala? — Habeo vero eorum tam multa, ut, quæ edam, nescio (non scio). — Ecquæ his liberis dare vis? — Pensis suis tam male studuerunt, ut iis quidquam dare nolim. — Quâ re lætaris? — Gaudeo felicitate, quæ tibi contigit. — Quâ re liberi tui lætantur? — Lætantur, quod te videant. — Gaudesne felicitate patris mei? — Gaudeo. — Num fratri meo blandiris? — Ego ei non blandior. — Ecquid hic magister (præceptor) discipulis suis blanditur? — (Iis) non blanditur. — Estne iis contentus (Probanturne ei)? — Est vero iis valde contentus, quum (*or* si) bene discunt (*or* diligentes sunt), sed minime iis contentus est, si non bene discunt (si non diligentes sunt). — Blandirisne mihi (Mihine blandiris)? — Tibi non blandior; nam te amo (diligo). — Videsne temetipsum illo in speculo? — Video memetipsum in eo. — Cur non ad focum manes? — Propterea, quod timeo, ne urar (adurar). — Acconditne hic homo ignem suum? — Timesne (Metuisne) illos homines deformes? — Eos non timeo; nemini enim nocent. — Quam ob rem illi liberi aufugiunt? — Idcirco aufugiunt, quod te timent. — Aufugisne ab inimicis tuis? — Ego ab iis non aufugio; nam eos non metuo (timeo). — Potesne epistolam Latinam sine vitio (mendo *or* errore) scribere? — Possum (unam scribere). — Ecquis epistolas tuas emendat? — Nemo eas emendat (*or* corrigit). — Quot epistolas jam scripsisti? — Duodecim jam scripsi. — Ecquid tu tibimetipsi dolorem effecisti (*or* injuriam intulisti)? — Nullam effeci (Non intuli). — Quis sibi ipse dolorem effecit (*or* nocuit)? — Frater meus sibimetipsi dolorem effecit (*or* sibi ipse nocuit); nam digitum suum vulneravit. — Estne æger etiam nunc? — Immo sanior factus est. — Gaudeo audire, eum non amplius ægrotare; nam eum diligo (amo), et eum ex animo commiseratus sum. — Cur consobrinus tuus sibi pilos evellit? — Propterea, quod, quas pecunias debet (*or simply* debita), solvere non potest (possit). — Recidistine tibi pilos? — Ego eos non ipse recidi, verum recidendos curavi (sed mihi recisi sunt).

145. DICTATA CENTESIMA QUADRAGESIMA QUINTA.

Quā re liberi tui tempus fallunt? — Tempus fallunt litteris studendo, scribendo et legendo. — Quā re tu horas fallis? — Otium meum, quam optime possum, fallo; nam libros bonos lego, et litteras ad amicos scribo. — Suum cuique judicium est; quid est tuum? — Ego litteris operam dare, bonum librum legere, concentum obire, in ambulacrum publicum ire, et equitare gaudeo (amo *or* delector). — Ecquid medicus puero tuo injuriam intulit? — Digitum ejus incidit, injuriam autem ei nullam intulit. — Cur tu homini illi auscultas (aures das)? — Ego quidem ei aures do, sed tamen ei non credo (fidem tribuo); scio enim, eum esse mendacem. — Quin (Cur non) consobrinus tuus pileum suum penicillo exterget. — Eum non deterget propterea, quod timet, ne digitos suos inquinet. — Quid dicit (ait) tibi vicinus meus? — Nuntiat (*or* Dicit) mihi, te equum suum (*or* ejus) emere (comparare) velle; sed ego scio, ut fallatur; nam, quā eum emas, pecuniā cares (*or* nam ad eum emendum pecuniam non habes). — Quid dicitur (Quid ajunt homines) in foro? — Ajunt, hostem profligatum (victum *or* superatum) esse (Dicitur hostem, &c., *or* Hostis dicitur profligatus esse). — Credisne hoc (*or* nuntium)? — Sane quidem, credo; propterea, quod in ore omnium est. —

Num cubitum is mature (Dasne te mature somno *or* Num te mature in lectum confers)? — Immo ego sero cubitum eo (me in lectum confero); nam, si mature me in lectum confero, dormire non possum (non queo). — Quotā horā tu heri cubitum ivisti (*or* te in lectum contulisti)? — Cubitum heri ivi circiter quadrantem horæ post undecimam. — Quotā horā liberi tui se somno dant? — Cum occasu solis cubitum ire solent (se in lectum conferunt). — Surguntne e lecto bene mane (*or* matutini)? — Sole oriente e lecto surgunt (surgere solent). — Quotā horā tu hodie e lecto surrexisti? — Tarde ego hodie surrexi; nam tardius me heri vesperi in lectum contuleram. — Surgitne filius tuus tarde? — Immo vero bene mane surgere (*or* surgat) oportet; nunquam enim sero (*or* tarde) cubitum it. — Quid agit (agere solet), quum surgit (*or* postquam surrexit)? — Operam dat studiis, et postea jentaculum sumit (sumere solet).

146. DICTATA CENTESIMA QUADRAGESIMA SEXTA.

Vocasne (Citasne) me? — Te voco (cito). — Quid tibi collibet (Quid tibi vis)? — E lecto surgas oportet; nam multa jam dies (*or* sero jam) est. — Quam ob rem me vocas (me citas)? — Ego omnes meas pecunias aleā perdidi; venioque a te petere (*or* petitum a te), ut mihi aliquantam commodes. — Quota hora est? — Quadrans horæ jam post sextam est; et tu satis longum dormiisti. — Estne jam dudum, ex quo tu e lecto surrexisti? — Una hora cum dimidio est, ex quo surrexi (*or* Ego abhinc unam horam et dimidiam surrexi). — Abisne sæpe deambulatum? — Ambulatum ire soleo, quandocunque domi nihil faciendum invenio (*or* domi nihil habeo, quod faciam). — Cupisne ambulatum ire (*or* spatiari)? — Ambulatum ire non possum; nam nimis occupatus sum. — Vectusne est frater tuus equo? — Immo vectus (*or* vectatus) est curru (vehiculo *or* carpento). — Ecquid liberi tui frequenter deambulatum eunt? — Ambulatum eunt quotidie mane post sumptum jentaculum (*or* simul ac jentaverunt). — Spatiarisne (Ambulasne), postquam cœnavisti? — Quum cœnaverim (*or simply* Cœnatus[*]), ego primum theam bibere, deinde ambulare soleo. — Ducisne sæpe liberos tuos ambulatum? —

[*] Compare Grammar, page 260, Rem. 5.

Ego eos quot diebus et mane et vesperi ambulatum duco. —
Potesne mecum ire (abire)? — Non tecum ire possum ; nam
fraterculum meum ambulatum ducere me oportet. — Quo loco
deambulas? — In avunculi nostri hortis et agris deambula-
mus (deambulare solemus). — Gaudesne spatiari (or ambu-
lando)? — Malo spatiari, quam edere et bibere (Ego libentius
deambulo, quam manduco et bibo). — Num pater tuus equo
vectari delectatur? — Immo carpento vectari mavult, quam
equo. — Amandine sunt nobis liberi, qui non bene morati
sunt (sint)? — Immo potius puniendi et despicatui habendi
sunt. — Quis te docuit artem legendi (or legere)? — Doctus
sum a præceptore Francogallo. — Docuitne te etiam scribere?
— Docuit me artem et legendi et scribendi. — Quis fratrem
tuum artem ratiocinandi (or arithmeticam) docuit? — Doctor
aliquis Germanus eum docuit. — Visne nobiscum ambulatum
ire (or ambulationem conficere)? — Ambulare vobiscum non
possum; nam meum linguæ Germanicæ doctorem expecto
(opperior). — Num frater tuus ambulare vult? — Non potest;
instituitur enim arte saltandi.

147. DICTATA CENTESIMA QUADRAGESIMA SEPTIMA.

Habetisne linguæ Anglicæ præceptorem (doctorem)? —
Habemus. — Traditne vobis et linguam Italicam? — Linguæ Italicæ non sciens est; sed nos linguæ Italicæ et His-
panicæ præceptorem habemus. — Quid de tuo olim * scribendi magistro factum est? — Factus est clericus. — Quid
factum est de viro illo docto (erudito), quem hieme proxime elapsâ domi tuæ videbam? — Factus est mercator. —
Et quid ex filio ejus factum est? — Relatus est inter milites (Factus est miles). — Meministine etiam nunc meum olim
saltandi magistrum? — Memini eum etiam nunc; quidnam
ei factum est? — Hic (or Hac regione) est, et videre eum
potes, si tibi collibet. — Habesne linguæ Germanicæ præceptorem? — Habeo vero unum, et eum præstantissimum (optimum); nam is pater meus est (est enim pater meus), qui
me linguâ Germanicâ et Anglicâ instituit. — Scitne pater

---

* When the English "old" is used in the sense of "former," the Ro-
mans commonly put the adverbs *olim* or *quondam* instead of *vetus* or *pris-
tinus*.

tuus et Polonice? — Nondum scit; cogitat autem discere hac
æstate. — Recordarisne tua promissa? — Vero, ea recordor.
— Quid mihi promisisti (pollicitus es)? — Te linguâ Germanicâ instituere (*or* erudire) pollicitus sum; et promissum
facere (efficere) cogito. — Visne initium facere hodie mane?
— Immo ego potius hodie vesperi, si tibi libet, incipere volo (cogito). — Meministine hominem, cujus filius nos saltare docuit
(nobis artem saltandi tradidit)? — Non amplius eum nemini.
— Ecquid tu fratres meos meministi? — Præclare eos memini;
nam eos, quum Berolini litteris operam darem, nullo non
die videbam (videre solebam). — Meminitne me patruus tuus
etiam nunc? — Affirmo tibi, eum te (*or* tui) meminisse etiam
nunc. — Numquid tu Germanice melius (scientius) loqueris,
quam patruelis meus? — Ego non æque scienter loquor (minus scienter loquor, quam ille); loquitur enim scientius (melius), quam multi Germanorum. — Quis discipulorum tuorum
(*or* de *or* ex discipulis tuis) scientissime loquitur? — Ille, qui
heri mecum ambulabat, unus omnium scientissime loquitur. —
Ecquid patrui tui domus æque alta est, ac nostra? — Tua
altior est, quam patrui mei; domus autem consobrini mei
omnium, quascunque ego adhuc conspexi, altissima est. — Habetne amicus tuus tot libros, quot ego habeo (*or* Habetne amicus tuus quot libros ego habeo)? — Plures tu eorum, quam
ille, habes; sed frater meus plures eorum habet, quam uterque vestrum. — Quis nostrum maximam pecuniam habet? —
Tu maximam habes; nam ego non habeo nisi triginta thaleros, amicus meus decem tantum habet, tu autem quingentos
habes.

148. DICTATA CENTESIMA DUODEQUINQUAGESIMA.

Quæ brevissima ad patrui tui castellum via est? — Hæc
via brevior quidem est, quam illa (ea), quam nos heri ingressi
sumus; sed pater meus unam novit, quæ omnium brevissima
est. — Uterisne pilento meo? — Utor. — Ususne est pater
tuus equo meo? — Usus est. — Cui usui tibi hicce equus est?
— Est mihi ad equitandum extra urbem. — Usurpasne, quos
tibi commodavi, libros? — Usurpo. — Licetne mihi cultrum
tuum usurpare? — Licet tibi eum usurpare; sed cavendum est, ne te vulneres. — Licetne fratribus meis libros tuos
usurpare? — Licet quidem iis eos usurpare, sed videndum

EXERCISE 148.

est, ne eos lacerent (*or* non sunt iis lacerandi). — Licetne nobis mensā tuā lapideā uti (usitari)? — Licet vobis eā uti, sed oportet caveatis, ne cam perdatis (*or* sed non est vobis vitianda). — Quo (cuinam rei) fratribus tuis opus est pecunia? — Opus est iis (aliquantum ejus) ad victum (*or* ad sumptum *or* unde vivant). — Cui usui nobis hicce culter est? — Nobis est ad secandum panem nostrum, carnem nostram (carnes nostras), et caseum nostrum. — Estne tempestas hodierna frigida? — Perfrigida est. — Visne ad focum (ignem *or* carbones) accedere? — Accedere non queo (non possum); timeo enim, ne urar. — Quam ob rem amicus tuus de foco discedit (abit)? — Discedit ab eo, propterea quod timet (metuit), ne uratur. — Accedisne ad focum? — Vero, accedo (appropinquo) ad eum propterea, quia valde algeo (quippe qui valde algeam). — Frigentne tibi manus? — Non manus, sed pedes mihi frigent (Non frigent mihi manus, verum pedes). — Abisne a carbonibus? — Abeo (Discedo, *sc.* ab eo). — Cur ab eo abis (discedis)? — Quia non algeo. — Utrum alges, an cales? — Ego neque algeo, neque caleo. — Quid causæ est, quod liberi tui ad focum appropinquent? — Appropinquant ob eam causam, quod algent (Appropinquant, quippe qui algeant). — Algetne aliquis? — Alget vero non nemo. — Quis alget? — Puerculus ille, cujus pater tibi equum (unum) commodavit, alget. — Cur non se (*or* corpus) calefacit (refovet)? — Propterea, quod pater ejus pecuniā, quā lignum emat, caret (*or* pecuniam ad lignum emendum non habet). — Visne ei dicere, ut sui calefaciendi causā (*or* corporis refovendi causā) ad me veniat? — Volo ei dicere hoc. — Numquid reminisceris? — Nihil reminiscor (memini *or* recordor). — Quid recordatur patruus tuus? — Promissa tua (*or* promissorum tuorum) recordatur (reminiscitur). — Quid ego ei promisi (sum pollicitus)? — Promisisti ei, te proximā hieme cum eo in Germaniam iturum (profecturum). — Id facere (efficere) mihi propositum est, si tempestas non nimis frigida est. — Sæpene tibi manus frigent? — Manus meæ nunquam fere frigent, pedes autem sæpe. — Quid est, cur a carbonibus discedas? — Sesquihora jam est, cum ad carbones (*or* carbonibus) assedi; ut non amplius algeam (*or* quapropter non amplius algeo). — Ecquid amicus tuus carbonibus (*or* foco, ad focum) assidere non delectatur? — Immo vero valde delectatur foco assidere, sed non nisi alget. — Licetne ad patruum tuum accedere (*or* patruum tuum convenire)? — Licet ad eum accedere (eum convenire); neminem enim januā prohibet.

149. DICTATA CENTESIMA UNDEQUINQUA-GESIMA.

Rasistine tibi barbam hodie? — Rasi (*or* Posui). — Posuitne frater tuus barbam? — Barbam suam non ipse posuit (rasit *or* totondit), sed a tonsore rasus (*or* tonsus) est. — Rasitasne faciem tuam sæpe? — Ego barbam quotidie mane rado (abrado, tondeo, pono), et nonnunquam etiam vesperi. — Quando tu barbam vesperi ponere soles? — Quandocunque ego non apud memetipsum (*or* domi meæ) cœno. — Quam sæpe in die pater tuus barbam suam radere (*or* tondere) solet? — Semel tantum in die barbam radit (tondet); frater meus autem tam bene barbatus est, ut bis in die faciem rasitet necesse est (*or* rasitare coactus est). — Raditne avunculus tuus sæpe sibi barbam? — Non radit (tondet) nisi tertio quoque die; non est enim bene barbatus. — Quotā horā mane tu tibi vestes induis? — Induo me vestibus, simul ac jentavi; jentaculum autem sumo quotidie aut horā octavā aut quadrante horæ post octavam. — Num vicinus tuus sibi vestes induit, antequam jentat? — Immo vero prius jentat, quam se vestibus induit. — Quotā horā vesperi tu vestes tibi exuis? — Exuo mihi vestes, simul ac (*or* ubi) ex theatro reverti. — Inisne in theatrum quotidie vesperi? — Non ineo (inire soleo) quotidie vesperi; satius (melius) enim est, operam dare litteris, quam in theatrum ire. — Quotā horā tibi vestes exuis, quum in theatrum non inis? — Tum vestes mihi exuo, simul ac cibum vespertinum sumpsi, et cubitum eo (in lectum me confero) horā decimā. — Induistine jam infantem vestibus? — Nondum indui; nam adhuc dormit (dormit enim etiam nunc). — Quotā horā e lecto surgere solet? — E lecto surgit, simul ac expergefactus est. — Surgisne e lecto tam bene mane (tam matutinus), quam ego? — Haud scio quidem, quotā horā tu surgas; ego ipse autem, simul ac experrectus sum (*or* somno solutus sum), surgere soleo. — Visne servo meo dicere (imperare), ut cras mane me quartā horā expergefaciat? — Volo ei imperare. — Cur tu tam bene mane (tam matutinus) e lecto surrexisti? — Liberi mei tantum strepitum ediderunt (tantopere inter se strepuerunt *or* tam tumultuati sunt), ut me e somno excitarent. — Ecquid tu bene dormiisti? — Ego non bene dormivi; nam tu nimis tumultuabaris (*or* strepebas). — Quotā horā ego te expergefacere debeo (*or* te expergefaciam oportet)? — Licet tibi me cras mane horā sextā expergefacere (e somno excitare). — Quotā horā experrectus est centurio bonus? — Experrectus est circiter quadrantem horæ post quintam mane.

150. DICTATA CENTESIMA QUINQUAGESIMA.

Quando hic homo in puteum descendit? — Descendit (in eum) hodie mane. — Ecquid inde rursus ascendit? — Vero, abhinc horam ascendit. — Ubi est frater tuus? — In cubiculo suo est. — Visne ei dicere, ut descendat? — Dicere ei non nolo; sed nondum vestibus indutus est. — Num est amicus tuus in monte etiam nunc? — Immo vero jam inde descendit. — Descendistisne hunc fluvium, an ascendistis? — Descendimus. — Cœnavitne jam amicus tuus? — Cœnavit, simul ac ex equo descendit (desiluit). — Dormitne jam avunculus tuus? — Credo (Puto), eum dormire; cubitum enim ivit, simul ac ex equo descendit. — Locutusne est ad te consobrinus meus, priusquam profectus est? — Locutus est ad me, antequam in pilentum escendit. — Vidistine fratrem meum? — Vero, videbam eum, antequam (in) navem ascendi. — Quomodo se gerebat filius meus? — Bene se gerebat. — Qualem se frater meus erga te præbebat (præbuit)? — Honeste se erga me gerebat; nam se erga omnes bene gerere solet. — Est operæ pretium, litteras ad hominem illum dare (mittere)? — Non est operæ pretium (litteras ad eum dare). — Pretiumne est, ex equo (or ex curru) descendere, ut placentam emamus (or placentæ emendæ causā)? — Non pretium est; nam haud dudum est, ex quo manducavimus. — Estne mihi operæ pretium, ex equo descendere, ut homini illi pauperi (egeno) aliquid dono dem? — Est; nam egens esse videtur; sed tamen ei aliquid dare potes non descendens. — Meliusne est in theatrum ire, quam operam dare litteris? — Satius est facere hoc, quam illud. — Præstatne ire cubitum, quam ambulatum? — Præstat facere hoc, quam illud. — Meliusne (Satiusne) est in pilentum escendere, quam in navem? — Non operæ pretium est aut in pilentum aut in navem escendere, quum (or si) nos iter facere non cupiamus.

151. DICTATA CENTESIMA UNA ET QUINQUAGESIMA.

Conduxistine jam cubiculum? — Ego jam unum conduxi. — Ubi id conduxisti? — In viâ Wilhelminâ, numero centesimo uno et quinquagesimo (id conduxi). — In cujus domo id conduxisti? — In domo ejus hominis, cujus filius tibi equum vendidit. — Cui cubiculum conduxit pater tuus? — Conduxit unum filio suo, qui modo ex Germaniâ advenit. — Dimisistine (Absolvistine) tandem illum hominem? — Dimisi (Absolvi). — Quam ob rem pater tuus equos suos missos fecit (dimisit *or* vendidit)? — Quod eorum non amplius indiguit (egebat). — Ecquid tu servum tuum missum fecisti (dimisisti)? — Dimisi eum propterea, quia (*or* quod) mihi non amplius parate serviebat (ministrabat). — Quâ de causâ tu pilentum tuum vendidisti? — Propterea, quod non amplius itinera facio. — Contigitne tandem mercatori tuo, ut saccharum suum deperditum extruderet (venderet)? — Contigit ei, ut id extruderet (venderet). — Vendiditne id pecuniâ non præsenti (*or* die cæcâ)? — Immo id pecuniâ numeratâ vendere potuit, ut die cæcâ non vendiderit. — Sperasne, te mature Lutetiam adventurum? — Spero, me quadrante horæ post octavam eo adventurum; nam pater meus me hodie vesperi expectat. — Quâ re commutavisti pilentum tuum, quo non amplius usitabaris? — Commutavi id cum equo Arabico pulchro. — Visne librum tuum (cum) meo permutare? — Facere non possum (non queo); nam mihi opus est ad linguam Germanicam discendam. — Quid est, cur caput tuum nudes (Quam ob rem pileum tuum capiti detrahis)? — Caput nudo, quia meum olim (*or* quondam) magistrum scribendi venire (venientem) video. — Mutasne pileum, ut in forum eas? — Eum non muto, ut in forum eam, sed (verum) ut concentum magnum obeam.

152. DICTATA CENTESIMA ALTERA ET QUINQUAGESIMA.

Cur vestem (vestes) mutat pater tuus? — Ad regem adire cogitat (*or* Ad regem iturus est), ut eum vestes mutare oporteat (*or* quam ob causam oportet vestem mutet). — Mutavistine pileum tuum, ut ad centurionem Anglum (Anglicum) adires? — Mutavi; non mutavi autem pileum et caligas. — Quam sæpe (Quoties) in die tu vestem mutare soles? — Vestem muto, ut cœnem, et iterum, ut in theatrum eam. — Ecquid indusium frequenter mutas? — Vero, id quotidie mane muto. — Quando indusium suum mutat pater tuus? — Id mutat, quandocunque saltatum it. — Mutatne focale tam sæpe, quam tu (æque sæpe ac tu *or* tecum)? — Immo sæpius, quam ego muto; id enim sexies in die facere solet. — Mativistine equos sæpe (frequenter), quum iter Vindobonam faceres? — Mutavi eos tertiâ quâque horâ. — Visne mihi hunc aureum permutare? — Vero, ego tibi eum permutaturus sum; quid nummorum invicem vis? — Invicem volo thaleros, florenos, et kreutzeros (*or* Ego eum thaleris, florenis, et kreutzeris permutare cupio). — Ecquid tu per litteras agis cum amico meo? — Etiam, cum eo ago (*or* Factum est). — Quam longum tempus tu cum fratre meo per litteras agis? — Ego jam ad sextum annum litterarum commercio cum eo usitor. — Quâ de causâ tu te hominibus illis immisces (inseris)? — Ego me iis immisceo (insero), ut cognoscam, quid de me dicant (ajant). — Recognovistine patrem tuum? — Tam diu erat, ex quo eum non videram, ut eum non cognoscerem. — Loquerisne Latine etiam nunc? — Tam diu est, ex quo (*or* cum) non locutus sum, ut colloqui fere omnino oblitus sim.

153. DICTATA CENTESIMA QUINQUAGESIMA TERTIA.

Prodibitne pater tuus hodie in publicum? — Prodibit, si tempestas est (*or* erit) serena. — Ecquid soror tua in publicum prodibit? — Prodibit, nisi tempestas ventosa est (sit). — Amabisne fratrem meum? — Vero, eum toto pectore amabo, si tam bonus est (*or* sit), quam tu. — Num parentes tui cras rus ibunt? — Non ibunt; est enim nimis pulveris (nam viæ nimis pulverulentæ sunt). — Ibimusne ambulatum hodie (Num nos hodie spatiabimur)? — Non ambulatum ibimus; nam viæ nimis lutulentæ sunt (est enim nimis luti foris). — Perspicisne (Videsne) cognati mei castellum pone (post) illum montem? — Perspicio (Video). — Inibimusne? — Inibimus, si tibi collibet. — Inibisne (in) illud cubiculum? — Non inibo; nam fumat (inest enim fumus). — Saluto te mane, domina. — Non intro venies (*or* venire vis)? — Nonne resides (assides *or* assidere vis)? — Vero, in sellâ illâ magnâ residam. — Dicesne mihi (*or* Visne mihi dicere), quid de fratre tuo factum sit? — Tibi dicam (Dicere tibi non nolo). — Hic est sella, in quâ sæpe residebat. — Quando mortuus est? — Supremum diem obiit abhinc duos annos. — Id vehementer doleo (Hoc est mihi permagno dolori). — Numquid omnem tuam pecuniam expendisti? — Ego non omnem expendi. — Quanta tibi reliqua est (Quantum ejus reliquum habes)? — Haud multum ejus reliquum habeo; unum tantum florenum reliquum habeo. — Quantam pecuniam sorores tuæ reliquam habent? — Tres tantum thaleros reliquos habent. — Satisne tibi reliquum est pecuniæ, quâ sartori tuo debita solvas? — Est mihi quidem satis reliquum, quâ ei debita solvam; sed si ei solvero, non mihi reliquum erit nisi pauxillum (*or* paulum tantum reliquum habebo). — Quantam pecuniam reliquam habebunt fratres tui. — Reliquos habebunt centum thaleros. — Loquerisne ad avunculum meum, si eum videbis (vides *or* videas)? — Si eum videbo (video *or* videam), ad eum loquar (cum eo colloquar). — Ibisne ambulatum cras (Spatiaberisne crastino tempore)? — Si tempestas est (erit) serena, ambulatum ibo; si autem mala est (erit, sit), domi me tenebo. — Solvesne sutori tuo debitum? — Solvam, quod ei debeam, si pecuniam meam cras accipio (*or* accipiam). — Cur tu abire vis? — Si pater tuus veniet (venit *or* veniat), non abibo; si autem non veniet, necesse est, ut abeam. — Quin assidis (considis, residis)? — Si tu mecum manebis (manere vis), residam; si autem abibis, tecum unâ simul discedam. — Ecquid tu liberos meos amabis? — Si bene morati assiduique sunt, eos amabo; si autem segnes nequamque sunt, ego eos despicatui habebo atque pœnâ afficiam. — Licetne mihi hoc pacto loqui (Estne fas, me his verbis loqui)? — Non erras (Non nefas est).

154. DICTATA CENTESIMA QUINQUAGESIMA QUARTA.

Quando in Italiam ibis? — Ibo, simul ut linguam Italicam didicero. — Quando fratres tui in Germaniam proficiscentur? — Proficiscentur eo, simul ut Germanice sciverint (linguæ Germanicæ scientes fuerint). — Quando (eam) discent? — Discent (eam), quum præceptorem idoneum invenerint. — Quanta pecunia nobis erit reliqua, quum equi nostri pretium persolverimus? — Quum id solverimus, nihil reliquum habebimus nisi centum thaleros. — Nuntiavistine fratri meo, me pilentum vendere coatum fuisse? — Id ei nuntiavi. — Dedistine litteras ad eundem hominem, ad quem pater meus dederat? — Litteras non ad eundem dedi, verum (sed) ad alium. — Ecquid tibi jam rescripserunt? — Adhuc non (*or* Nondum) rescripserunt; spero autem, me hebdomade proximā litteras accipere (*or* accepturum). — Num tu unquam hominem hujusmodi vidisti? — Nunquam vidi hominem ejusmodi (Ego talem hominem nunquam vidi). — Spectavistine (Vidistine) jam templum nostrum? — Nondum spectavi. — Ubi (Quo loco) situm est? — Extra urbem situm est. Si (id) spectare (videre) vis, tecum unā simul ibo, ut id tibi monstrem. — Quis adest? — Ego sum. — Qui sunt illi homines? — Peregrini sunt, qui tecum colloqui volunt (*or* qui te convenire cupiunt). — Cujates sunt? — Americani sunt. — Ubi fuistis, ex quo ego vos non vidi? — Ad litus longum tempus commorati sumus, quoad (donec) navis quædam advenit, quæ nos in Francogalliam portavit. — Visne narrationem tuam persequi (continuare)? — Vix nos in Francogalliam advenimus, quum ad regem deducti sumus, qui nos benigne excepit, nosque in patriam propriam remisit. — Quem quæris? — Puerculum meum quæro. — Si eum invenire vis, eundum tibi est in hortos; nam ibi est. — Horti ampli (spatiosi) sunt, et invenire eum non potero, nisi mihi dicas (indices), quā in parte hortorum sit. — Sub arbore sedet, sub quā (ubi) nos heri residebamus (considebamus). — Nunc eum inveniam.

155. DICTATA CENTESIMA QUINQUAGESIMA QUINTA.

Cur liberi tui non in Francogalliā habitant (incolunt)? — Linguam Anglicam discere volunt (cupiunt); ea est causa (*or* en causa), cur (propter quam) in Angliā habitant. — Quā de causā tu foco assides (ad *or* juxta focum resides)? — Algeo manibus et pedibus; en causa (ea est causa), propter quam foco assideam (apud carbones sedeam). — Quo (cibo) vescuntur homines, qui juxta litus habitant (incolunt)? — Piscibus solum vescuntur. — Cur tu non amplius venatum is? — Ego totum hesternum diem venabar (in venatione eram), et nihil necavi nisi unam avem turpem; en causa (hæc est causa), cur non amplius venatum ibo. — Cur non edis (ēs *or* manducas)? — Non edam (manducabo), priusquam cibum appetam (libenter sumam). — Quā de causā frater tuus tantum cibi sumit (tam edax est)? — Cibum libenter sumit; en causa, cur tam edax est. — Si libros, quos tibi commodavi, perlegisti (perlegeris), quid est, cur mihi eos non reddas? — Ego eos denuo (iterum *or* rursus) legere cogito; en causa, cur eos tibi adhuc non reddiderim; sed tibi eos reddam, simul ut eos iterum perlegero. — Quin mihi vestes meas attulisti? — Non confectæ (paratæ) erant; quā de causā (*or* quapropter) eas non attuli; nunc autem (eas) affero; eccas adsunt. — Tu pensum tuum didicisti; quid est, cur (quod) soror tua suum non didicerit? — Ea cum matre meā simul ambulatum abiit; hæc causa est, cur id (= pensum suum) non didicit (didicerit); discet id autem cras. — Quando tu exercitia (*or* dictata) mea emendabis (corriges)? — Emendabo ea tum, quum mihi illa sororis tuæ attuleris. — Putasne, te in iis peccavisse (offendisse)? — Nescio (Non *or* Haud scio). — Si peccaveris, pensis tuis non bene studuisti; pensa enim bene ediscenda sunt, si ea vitiis carere (sine vitiis esse) vis. — Nihil interest; si mihi ea hodie non emendas (corrigis), ea ante diem crastinum non discam. — Oportet tu in exercitiis (dictatis) tuis scribendis non offendas (pecces); nam omnia habes, quæ tibi opus sint, ut ea omnino vitiis pura scribas (peragas).

156. DICTATA CENTESIMA QUINQUAGESIMA SEXTA.

Quomodo se habet (valet) pater tuus? — Non valet nisi sic satis (Parum tantum valet). — Quomodo se habet æger tuus? — Aliquantulo melius se habet hodie, quam heri (*or* hesterno tempore). — Estne diu, ex quo fratres tuos non vidisti? — Vidi eos abhinc duos dies (duobus diebus *or* ante hos duos dies). — Quomodo valent? — Admodum bene valent. — Tu quomodo te habes? — Ego me satis bene habeo (Mediocriter valeo). — Quam diu est, cum frater tuus linguam Germanicam discit? — Tres tantum menses sunt, ex quo eam discit (Tertium solum mensem eam discit). — Ecquid eā jam loquitur? — Vero, eā jam loquitur, legit, scribitque, scientius quidem, quam patruelis tuus, qui eam per 'hos quinque annos discebat (discit). — Diune est, ex quo (cum *or* quod) ab avunculo meo nuntium accepisti? — Vix tres menses sunt, cum nuntium ab eo accepi. — Quo loco tum (eo tempore) morabatur? — Berolini morabatur; in præsenti (*or* nunc) autem Londini est. — Colloquerisne libenter cum patruo meo? — Vero, ego libentissime cum eo colloquor; illud autem mihi non jucundum est, quod me illudat (derideat). — Quam ob rem te illudit (deridet)? — Me ideo deridet, quia male loquor (Me illudit, quippe qui inepte loquar). — Quid causæ est, quod frater tuus amicis careat? — (Amicos sibi) nullos habet propterea, quod neminem non carpit (*or* quod omnes cavillatur). — Quomodo tu tibi victum paras (quæritas)? — Ego mihi victum laborando (opere faciendo) quærito. — Ecquid amicus tuus victum sibi scribendo quæritat (parat)? — Quæritat eum dicendo et scribendo. — Num homines hice nobiles victum sibi laborando (opere faciendo) parant (quæritant)? — Non sibi victum ullâ re faciendâ parant; nam nimis segnes ad laborandum sunt (segniores sunt, quam ut *or* qui laborent). — Videsne, quid fecerit? — Video. — Scivitne (Sciebatne), te advenisse? — Non scivit (Non sciebat *or* Nesciebat). — Egone tibi suasi, ut scriberes? — Me non rogavisti. — Ecquis (Num quis) ita cæcus est, ut hoc non intelligat? — Nemo ita cæcus est. — Hortabaturne (Hortatusne est) nos, ut librum ipsius legeremus? — Vero, nos hortabatur (hortatus est), ut eum studiose legeremus. — Eratne in eo, ut evaderet? — Non erat. — Teneri non potuit, quin evaderet. — Nihil eum impedire potuit, quo minus evaderet.

157. DICTATA CENTESIMA QUINQUAGESIMA SEPTIMA.

Quâ re faciendâ (*or* Quomodo) tu pecuniam illam lucratus (consecutus *or* nactus) es? — Ego eam laborando (*or* operando) lucratus (*or* nactus) sum. — Quid de vino tuo fecisti? — Ego id super mensam profudi. — Ubi est tuum? — In cubiculo meo parvulo super mensam magnam est; sed non est tibi de eo bibendum (*or* sed cave, ne de eo bibas); nam servandum est mihi patris causâ, qui ægrotus est. — Esne paratus ad proficiscendum unâ mecum? — Paratus sum. — Cur tu hominem illum illudis (derides)? — Non est mihi voluntas ejus illudendi. — Te rogo, ne id facias; nam si eum illudas (derideas), pectus ejus (*or* ei) vulnerabis (*or* percuties). — Quam ob rem hominem illum patibulo affixerunt (arbori infelici suspenderunt)? — Patibulo eum propterea affixerunt, quod aliquem necaverat. — Suspenderuntne arbori infelici hominem, qui fratri tuo equum surripuit (equum a fratre tuo furatus est)? — Pœnā eum quidem affecerunt, sed non patibulo affixerunt; nam nostrā in terrā (patriā) neminem patibulo affigere solent, nisi (*or* præter) latrones (*or* latrones solos arbori infelici suspenderunt). — Ubi tu togam meam invenisti? — Ego eam in conclavi cæruleo inveni; de clavo pendebat. — Visne pileum meum arbori (*or* de arbore) suspendere? — Volo eum de eo suspendere. — Dubitasne de eo, quod tibi dico? — Non dubito (In dubium non voco). — Dubitasne id, quod ille homo tibi narravit? — Dubito (In dubium voco); sæpe enim mihi, quod non verum fuit (erat), narravit. — Cur tu promissa tua non servasti (effecisti)? — Ego non jam scio, quid vobis promiserim (pollicitus sim). — Nobis nonne promisisti, te nos die Jovis ad concentum deducturum? — Confiteor (Fateor), me hoc promisisse (pollicitum esse); sed locus concentui non datus est. — Fateturne frater tuus errorem (*or* vitium) suum? — Fatetur. — Quid ait (dicit) avunculus tuus de illā epistolā? — Ait quidem, eam optime scriptam esse; sed tamen fatetur, se erravisse, quod eam ad centurionem misisset. — Confiterisne nunc errorem tuum? — Fateor, illud (*or* id) esse errorem (*or* vitium). — Emistine tandem equum, quem emere voluisti? — Quomodo ego equum emerem, si pecuniam comparare non possim? — Nisi mihi debitum solvis (solveris), ego ire non potero. — Oportuitne me heri rus ire? — Te hoc facere oportuit (*or* Id facere debebas *or* debuisti). — Tu filium tuum instituere atque erudire debuisti. — Hæc epistola tibi scribenda erat (*or* fuit). — O quam facile erat (fuit), pensum tuum discere! — Longe utilius fuit (erat) domi se tenere. — Novistine illum hominem? — Quisquis est, nosse ego eum non cupio. — Utcunque sese res habet, officium tuum non servasti. — Sive hinc abis, sive manes, mihi perinde est. — Scribendum mihi erit, sive ægrotus sum, sive valeo.

158. DICTATA CENTESIMA DUODESEXAGESIMA.

Nonne miraris factum amici mei (*or* id quod amicus meus fecit)? — Id (illud) valde demiror. — Quid filius tuus miratur? — Fortitudinem tuam miratur. — Dolesne, quod litteras ad patruum meum dedisti (*or* te litteras ad patruum meum dedisse)? — Immo potius id gaudeo (lætor). — Quid doles

EXERCISE 158.

(Quid tibi dolori est)? — Non doleo inimici mei felicitate, verum amici mei morte. — Quomodo se habent fratres tui? — Bene (commode, belle, recte) se his paucis diebus habebant. — Gaudesne hoc (Estne tibi hoc gaudio)? — Gaudeo audire, quod commode valeant. — Num tu Saxo es? — Non vero, ego Borussus sum. — Ecquid Borussi linguam Francogallicam libenter discunt? — Vero, eam libenter discunt. — Loquunturne Borussi Germanice æque bene (belle), atque Saxones? — Saxones et Borussi linguā Germanicā bene loquuntur (utuntur); Austriaci autem eam non pure efferunt. — Quem hebdomadis diem agunt (*or* festum habent) Turcæ? — Festum habent diem Veneris; Christiani autem diem solis, Judæi diem Saturni, et Æthiopes (diem) natalem suum agunt. — Habetne soror tua tæniam meam auream? — Non habet. — Quis lagenam meam magnam habet? — Soror tua eam habet. — Videsne (Visisne) tu aliquando matrem tuam? — Sæpe eam video (viso). — Quando tu sororem tuam vidisti (visisti)? — Vidi (Videbam) eam abhinc tres menses et dimidium. — Quis nuces meas bellas habet? — Soror tua bona eas habet. — Ecquid illa et furcas meas argenteas habet? — Eas non habet. — Quid frater tuus queritur? — Queritur, dextram ei dolere (quod dextrā manu ægrotet). — Quam lagenam sororcula tua fregit? — Fregit illam, quam mater mea heri emerat (comparaverat). — Utrum tu de meo jusculo, an de matris meæ, sorbuisti. — Non sorbui nec de tuo nec de matris tuæ, verum de illo sororis meæ bonæ. — Vidistine mulierem, quæ hodie mane apud me (mecum) fuit? — Eam non vidi. — Fecitne sibi mater tua aliquid doloris? — Nihil sibi doloris effecit. — Ægrotasne naso (naribus)? — Non ego naso, verum alterā manu ægroto. — Num tibi digitum vulnerasti? — Non vero, domina; manum vulneravi (incidi). — Visne mihi pennam (calamum) dare? — Volo tibi unam dare. — Visne (habere) hanc, an illam? — Neutram volo. — Quam (habere *or* possidere) vis? — Illam volo, quam soror tua habet. — Potesne hac pennā scribere? — Possum eā scribere. — Tenebisne te domi, an equitabis extra urbem, an pilento (rhedā, curru) vectaberis? — Domi me tenebo. — Abluitne sibi manus an pedes? — Utrumque factum est. — Didicit pensum suum, an non? — Didicit. — Non didicit. — Næ tu vehementer erras, si te laudatum iri putas, nisi assiduus es (sis).

159 DICTATA CENTESIMA UNDESEXAGESIMA.

Haberesne pecuniam, si pater tuus hic adesset? — Haberem (ejus nonnullum), si adesset. — Ecquid tu contentus fuisses, si ego libros aliquot habuissem? — Valde ego contentus fuissem, si tu nonnullos habuisses. — Si ille bene moratus fuisset, ego eum certe (profecto) non modo (*or* solum) laudavissem, sed etiam (*or* et) amavissem, honoravissem, atque præmiis ornavissem. — Laudaremur nos, si pensa imperata (dictata *or* exercitia) perageremus (scriberemus)? — Si ea sine ullo vitio (mendo) perageretis (scriberetis), laudaremini et præmiis ornaremini. — Ecquid frater meus pœnâ non affectus esset (fuisset), si pensa sua imperata peregisset (dictata sua scripsisset)? — Non affectus esset pœnâ, si ea peregisset (scripsisset). — Laudatane esset soror tua, nisi (*or* ni) sollers (perita) fuisset? — Ea certe non laudata esset (fuisset), nisi solertissima fuisset, et nisi a primâ luce usque ad vesperam laboravisset. — Daresne mihi aliquid (dono), si optime (egregie) moratus essem? — Si optime moratus esses, et si diligenter laborares, ego tibi librum pulchrum darem. — Dedisses litteras ad sororem tuam, si ego Dresdam profectus essem? — Vero, ego et litteras ad eam dedissem, et ei aliquid pulchri misissem, si tu eo profectus esses. — Loquererisne, si ego tibi aures darem? — Loquerer, si mihi aures dares, et si mihi responderes. — Locutusne esses ad matrem meam, si eam vidisses? — Si eam vidissem, ad eam locutus essem, eamque rogavissem, ut mihi horologium aureum pulchrum mitteret. — Si homines illi venirent, dandum tibi esset iis aliquid ad bibendum. — Hoc si facere posset, illud faceret. — Rusticus quidam, quum observasset, senes perspicillis ad legendum usitari solere, ad hominem optices gnarum adiit, et unum postulavit. Rusticus tum librum aliquem in manum sumpsit, et quum eum aperuisset, non bonum, inquit, esse (perspicillum). — Homo optices gnarus deinde aliud ex iis, quæ in tabernâ suâ præstantissima reperire posset, naso illius imposuit; sed quum rusticus tum etiam legere non quiret, "Mi amice," inquit illi mercator, "fortasse tune artis legendi prorsus imperitus es?" "Si peritus essem," respondit rusticus, "non opus mihi esset perspicillo tuo." — Semper ego mihi blanditus sum, frater mi carissime, te me tantopere amare, quantopere tu a me amaris (*or* ego te amo); sed nunc me falsum esse perspectum habeo. Scire velim, quid causæ sit, cur tu sine me ambulatum ires? — Comperi (*or* Accepi), soror mea carissima, te mihi succensere, quod sine te ambulatum ierim. — Affirmo tibi, si scivissem, te non ægrotam esse, me te arcessiturum (abducturum) fuisse; sed medicum de valetudine tuā interrogavi, qui mihi respondit, te his octo diebus lecto affixam fuisse.

160. DICTATA CENTESIMA SEXAGESIMA.

Age, facitne soror tua progressus? — Progrederetur, si æque assidua (diligens) esset, atque (ac *or* quam) tu. — Mihi blandiris. — Affirmo tibi, me magnopere contentum futurum (esse), si omnes meorum discipulorum laborarent, quantum tu (*or* tam laboriosi essent, quam tu). — Quin tu hodie in publicum prodis? — In publicum prodirem, si tempestas esset serena (*or* si sudum esset cœlum). — Eritne mihi cras voluptas tui videndi? — Veniam, si vis (si hoc tibi placet). — Aderone ego hic (hoc loco) etiam tum, quum tu adveneris? — Eritne tibi occasio in urbem eundi hodie vesperi? — Haud scio, sed ego nunc eo irem, si mihi esset potestas (opportunitas). — Non esset tibi tantum voluptatis (tanta felicitas), neque tam beatus (felix) esses, nisi (*or* ni) amicos et libros haberes. — Nunquam humanum genus in vitæ curriculo tam multas res adversas experirentur, neque tam infelix (miserum) essent, si non tam (*or* minus) cæcum essent. — Non tibi esset illa (*or* talis *or* tanta) erga pauperes inhumanitas, nec precibus eorum tam surdus esses, si tu ipse aliquamdiu in miseriis fuisses (*or* versatus esses). — Hoc non diceres, si me familiariter utereris. — Quin soror tua exercitia (dictata) sua peregit (scripsit)? — Peregisset (Scripsisset) ea, nisi retardata (impedita) esset. — Si plus laborares, sæpiusque loquereris, tu melius loquereris. — Affirmo tibi (Persuadeas tibi volo), domine, me diligentius (melius) disciturum, si mihi esset amplius spatii (temporis *or* otii). — Non de te, sed de sorore tuā queror. — Non fuisset tibi causa de eā querendi, si habuisset spatium ad perficiendum, quod ei faciendum (discendum) mandavisses. — Quid dixit tibi frater meus? — Dixit mihi, se ominum humani generis beatissimum futurum esse, si linguæ Latinæ, quæ omnium linguarum pulcherrima sit, sciens esset. — Scire velim, quid sit, quod ego non æque scienter (eleganter) tecum loqui possim? — En causa (*or* Dicam tibi causam): Tu æque scienter loquereris atque ego, si non tam timidus (minus timidus) esses. Sin autem pensis tuis majore cum curâ studuisses, loqui non metueres ; nam, ut bene loquamur, discendum est (diligentia adhibenda est) ; et par est, ut, qui non bene scit, quod didicerit, timidus sit. — Tu non tam timidus (minus timidus) esses, si tibi persuasum esset, te non peccaturum. — (Homines) sunt, qui rideant, quum ego loquor. — Homines inurbani sunt; tu modo itidem rideas oportet, et te illudere desinent. — Si faceres, quod ego facio, bene (scienter, eleganter, belle) loquereris. — Operam te quotidie paulisper studiis dare oportet, et loqui brevi non amplius timebis. — Contendam (Enitar), ut consilium tuum sequar (consilio tuo obtemperem) ; stat mihi enim, quotidie mane horâ sextâ e lecto surgere, exinde usque ad decimam litteris operam dare, et mature me in lectum conferre.— Filius tuus assiduor esset vellem. — Diligentiores simus. — Consilio amicorum suorum aures dent (auscultent), neve ad verba sapientiæ surdi sint. — Immitemus optimos et sapientissimos humani generis (or inter homines). — Scisne, quid hoc sit ? — Nescio (Haud scio), quid sit. — Nescio, utrum in publicum proditurus, an domi permansurus sit. — Scisne, utrum litteras suas concluserit, an non ? — Haud scio. — Quæso, ne scribas. — Taceas (or Tace), sis.

161. DICTATA CENTESIMA UNA ET SEXAGESIMA.

Ubi est consobrinus tuus ? — In culinâ est. — Quo loco mater tua est ? — In templo est (Sacris publicis adest). — Ivitne soror tua in ludum litterarum ? — Vero, eo ivit. — Itne (Itatne) mater tua sæpe in templum ? — Eo itat quotidie et mane et vesperi. — Eo itat, simul ac e lecto surrexit. — Quotâ horâ surgit (surgere solet) ? — Sole oriente surgit (surgere solet). — Isne hodie in ludum litterarum ? — Eo. — Quid in ludo (in scholâ) discis ? — Disco ibi artem legendi, scribendi atque dicendi (loquendi). — Ubi est amita (matertera) tua ? — Comœdiam (fabulam) spectatum ivit cum sororculâ meâ. — Num sorores tuæ hodie vesperi drama musicum auditum eunt (or ibunt) ? — Non vero, domina ; in ludum saltatorium eunt (ibunt). — Venatumne ivit pater tuus ? — Venatum ire non potuit ; nam gravedine laborat. — Delectarisne venatum ire (or venationibus) ? — Piscari malo (potius or magis), quam venatum ire. — Estne pater tuus ruri etiam nunc ? — Vero, domina ; est ibi etiam nunc. — Quid agit ibi ? — Vena-

EXERCISE 161.

tum ibi et piscatum it (ire solet). — Esne venatus (*or* Venabarisne), quum ruri esses? — Venabar vero totum diem. — Quam diu tu apud matrem tuam commoratus es? — Commorabar apud eam totum vesperum. — Diune est, cum in castello (non) adfuisti? — Hebdomade præteritā ibi adfui. — Invenistine ibi multos homines? — Immo ego ibi nisi tres personas neminem inveni (Tres tantum personas ibi inveni). — Qui erant illæ tres personæ? — Comes, comitissa, et eorum filia erant. — Ecquid hæ puellæ æque bonæ (bene moratæ) sunt, atque (ac, quam) fratres earum? — Immo potius meliores illis sunt. — Possuntne sorores tuæ Germanice loqui? — Haud possunt (Non queunt); sed discunt. — Ecquid tu matri tuæ attulisti? — Vero, ego ei bona poma pulchramque. scriblitam attuli. — Quid vobis attulit sororis (*or* fratris) filia? — Attulit nobis bona cerasa, bona fraga, atque bona mala Persica. — Amasne (Appetisne) mala Persica? — Valde (ea) amo (appeto). — Quot mala Persica tibi dedit vicina tua? — Dedit mihi eorum plus viginti. — Edistine hoc anno multa cerasa? — Vero, ego eorum multa edi (manducavi). — Num reperta sunt anno præterito (proxime elapso) multa pira? — Non multa (Pauca tantum) reperta sunt. — Legistine hodie acta diurna (*or* acta hodierna)? — Legi. — Inestne quidquam novi? — Nihil ego novi in iis legi (*or* Ego nihil, quod novi inesset, legi). — Editne, ut vivat, anne vivit, ut edat? — Vivit, ut edat. — Cur tu linguæ Latinæ operam das? — Operam eæ do, ut eā legam, loquar, atque scribam (ut eam legere, loqui scribereque possim). — Estne tam nequam (tam malis moribus), ut pœnā afficiatur necesse sit (*or* ut pœnā afficiendus sit)? — Est. — Hortatusne te est pater tuus, ne fabulam spectatum ires? — Me rogavit atque obsecravit, ne adirem. — Ægrotus erat hesterno tempore, ut ad scholam venire non posset. — Timesne, ne pluat hodie? — Immo potius timeo, ut (ne non) pluat. — Vereturne frater tuus Latine (linguā Latinā) loqui? — Veretur; est enim adhuc linguæ imperitus. — Oportet diligentior sit, ut facilius loqui possit. — Ego tibi hoc consilii do, non quod (*or* quia) te eo egere arbitror, sed ut tibi animum addam. — Teneri (*or* Facere) non possum, quin ad te scribam (litteras ad te dem). — Non est dubium, quin recte loquare. — Ego non dubito, quin cras adventurus sit. — Tene impedire potest, quin (quominus) progrediare? — Me non impedire potest. — Teneri non potuit, quin fleret (lacrimas effunderet), quum audivisset, te tam miserum tamque infelicem esse. — Quid nos impedire potest (possit), quin (*or* quominus) beati (felices) simus? — Nihil obstat, quominus tam beati simus, quam qui beatissimi.

162. DICTATA CENTESIMA ALTERA ET SEXAGESIMA.

Visne hodie apud nos cœnare? — Libentissime (*or* Cum multā voluntate). — Quid vobis ad cœnandum est (Quid habetis, quo cœnemus)? — Nobis est bonum jusculum, bona caro tum recens tum sale condita, atque cibaria salsa. — Appetisne (Amasne) lactentia? — Ego ea libentius manduco, quam quævis inter omnia alia cibaria. — Esne paratus ad cœnandum? — Paratus sum. — Cogitasne brevi proficisci? — Ego hebdomade proximā proficisci cogito. — Facisne iter solus? — Non, domina, ego unā cum avunculo (patruo) meo iter facio. — Utrum iter facitis pedestre, an curru (pilento) vehimini? — Curru vehimur. — Venistisne alicui obviam in vestro (ad) Berolinum itinere? — Vero, obviam venimus multis viatoribus. — In quā re tu hac æstate tempus consumere cogitas? — Ego iter breve conficere cogito (Stat mihi iter breve facere). — Ivistine multum (longe) pedibus in ultimo tuo itinere? — Ego quidem pedibus ire valde (vehementer) delector; sed patruus meus pilento vectari gaudet. — Ecquid is pedibus ire nolebat? — A primo pedibus ire volebat, sed, quum aliquot gradus fecisset (*or* aliquot gradibus factis), pilentum ascendere voluit, ut ego pedibus non longule (multum) ierim (*or* quapropter ego pedibus non longe progressus sum). — Quid agebatis hodie in scholā? — Auscultati sumus nostro præceptori, qui multa de Dei benignitate verba faciebat. — Quid dixit? — Quum dixisset: " Deus est auctor et cœli (cœlorum) et terræ (mundi); reverentia Domini initium sapientiæ est." " Repetitio," tum inquit, " studiorum mater est, et bona memoria permagnum est Dei beneficium." — Quin tu diutius in terrā Batavorum moratus es? — Quum ibi essem, sumptus ad victum tanti erant (fiebant), ut pecunia, quā diutius mansissem, mihi non satis esset (non sufficeret). — Qualis (Cujusmodi) erat tempestas, quum tu in itinere Vindobonam (versus) esses? — Pessima erat tempestas; nam cœlum erat procellosum, et ninxit, et vehementer pluit. — Ut mihi otium sit ad librum legendum! — Utinam mihi esset opportunitas faciendi id, quod tu fecisti! — Utinam ille ne litteras illas scripsisset! — Similiter facis ac si mœstus sis; quid tristis es?

163. DICTATA CENTESIMA SEXAGESIMA TERTIA.

Quid agis totum diem istis in hortis? — Ego in iis ambulo (spatior). — Quid inest, quod te attrahat (alliciat)? — Cantus avium me attrahit (allicit). — Ecquæ luciniæ insunt? — Insunt vero aliquot, et eorum cantûs harmonia me permulcet (admiratione afficit). — Quâ re faciendâ sororis tuæ (fratris tui) filia tempus fallit suâ in solitudine? — Multum legit et litteras ad matrem suam mittit. — In quâ re patruus tuus tempus fallit suâ in solitudine? — Versatur in arte pingendi et in chymicâ. — Mercaturam facit non amplius? — Non amplius facit (Non amplius negotiatur); nam senior (*or* ætate gravior) est, quam ut hoc faciat. — Cur se rebus tuis immiscet? — Alienis negotiis se immiscere non solet; meis autem se idcirco immiscet, quia me amat. — Jussit te magister tuus hodie pensum tuum iterare? — Jussit me id iterare (repetere, retractare). — Idne scivisti? — Vero, id mediocriter bene scivi (didici). — Scripsistine etiam (quoque) aliquot dictata? — Scripsi vero nonnulla; sed quid, quæso, tibi cum illâ re (quid hoc tuâ refert)? — Non ego me negotiis immiscere soleo, quæ nihil ad me attineant (quæ meâ nihil intersint); sed te tantopere amo, ut meâ multum referat, quod facias. — Ecquis de te laborat (Esne tu alicui curæ)? — Nemo de me laborat (Ego curæ sum nemini); nam non operæ pretium sum (non curâ dignus sum). — Homines prudentes non modo munditiæ, sed etiam valetudinis causâ, immunditiam vitant, sæpeque lavantur. — Emesne illum equum? — Ego eum emam, quamvis non sit Anglicus. — Quamquam ille patruelis meus est, tamen me non visum venit. — Quamvis (*or* Licet) non divites sint, tamen beneficentissimi sunt. — Nescio, utrum domi sit, annon. — Quæritur, utrum hoc facturus sit, annon.

164. DICTATA CENTESIMA SEXAGESIMA QUARTA.

Quo morbo mortua est soror tua? — Mortua est febri. — Quomodo se habet frater tuus? — Frater meus non jam (non amplius) in vitâ est. — Mortuus est (Diem suum obiit) tribus abhinc mensibus. — Miror hoc; valebat enim admodum bene æstate præteritā, quum ego ruri essem. — Quo morbo obiit? — Apoplexiā obiit (mortuus est). — Quomodo valet amici tui mater? — Parum valet; in febrim nudius tertius incidit, et hodie mane febris (motus febriculosus) iterum (denuo) accessit. — Laboratne febri intermittente? — Non scio (Nescio); sæpius autem frigidæ febris accessibus afficitur (corripitur). — Quid factum est mulieri, quam apud matrem tuam videbam? — Mortua est hodie mane apoplexiā. — Eratne vinum anni proxime elapsi vendibile? — Parum vendibile erat; facilius autem anno proximo emptores inveniet; erit (*or* reperietur) enim ejus magna copia, neque carum erit. — Cur ostium aperis (recludis)? — Non vides, quantum fumi hic inest? — Non video (observo); sed fenestram potius, quam ostium, aperire (patefacere) te oportet. — Fenestra non facile aperitur; en causa, cur ostium aperiam (patefaciam). — Quando id claudes? — Id claudam (obseram), simul ut non amplius fumi fuerit. — Quin tu vasa illa vitrea pulchra in mensulā statuis (collocas)? — Si ea in mensulā illā statuam, frangentur. — Itabatisne sæpe piscatum, quum illā in terrā essetis? — Nos persæpe et piscatum et venatum itabamus. — Tu, si nobiscum rus eas (ibis), castellum patris mei videbis. — Benigne dicis (*or* Jam gratia est), domine; ego illud castellum jam jam vidi (spectavi). — Tunc talis (is) est, ut hoc facere possis? — Minime ego ille (*or* tam) ferreus sum; neque tu is es, qui, qui sim, nescias. — Nos ii sumus, qui nullā re nisi libertate acquiescere queamus (sciamus). — Num qui sunt, qui hoc (id) non ita se habere affirment? — Nulli sunt. — Num quis (quisquam) est, qui non intelligat? — Nemo est. — Multi sunt, qui te errare (falli) dixerint (dicerent). — Habebatne frater tuus aliquid novi, quod tibi (ad te) scriberet? — Vero, multa habebat, quæ mihi (ad me) scriberet. — Tu nonne felix es, qui librum hujusmodi inveneris? — Ego tam felix sum, quam qui felicissimus. — Incepitne ille scribere hodie mane? — Non incepit, quippe qui atramento careret. — Idoneusne est frater tuus, qui doceat? — Idoneus non est, qui doceat, sed qui scribat. — Estne dignus, qui imperet? — Est vero tam dignus, quam qui dignissimus. — Ecquid præceptor tuus sæpe in publicum prodibat? — In publicum prodibat, quotiescunque vacabat (quoties ei otium esset). — Fuitne filius meus diligens (studiosus)? — Vero, facile omnium princeps fuit, quam se cunque in partem dedisset.

165. DICTATA CENTESIMA SEXAGESIMA QUINTA.

Quando tu patris mei castellum videbas? — Videbam id anno proxime elapso, quum in itinere essem (*or* iter faciens). — Tam pulchrum est, quam quod ego adhuc castellorum pulcherrimum spectavi (Est unum de castellis, quæ ego adhuc pulcherrima conspexi); videtur (prospicitur) e longinquo. — Quid hoc (id, illud) dicitur? — Hoc omnino non dicitur. — Hoc intelligi non potest (non intelligibile est *or* in intelligentiam non cadit). — Ecquid non omnia linguā tuā dici (exprimi) possunt? — Omnia quidem eā exprimi possunt, sed non similiter ac tuā. — Surgesne cras e lecto bene mane? — Hoc ex tempore pendebit; si mature cubitum eam (iero), bene mane (e lecto) surgam; sin vero tarde (sero) me in lectum conferam (contulero), tarde et surgam. — Amabisne liberos meos? — Si bene morati sunt, eos amabo. — Visne cras apud nos cœnare? — Si vis apparare cibaria, quæ appetam, cœnabo vobiscum. — Legistine jam litteras, quas hodie mane accepisti (*or* quæ tibi hodie mane redditæ erant)? — Ego eas nondum (adhuc non) aperui. — Quando eas leges? — Legam eas, simul ut (quum primum) mihi erit otium. — Cui usui est hoc? — Nulli usui est (Nihil prodest). — Cur id sustulisti? — Id sustuli, ut tibi monstrem. — Potesne mihi dicere, quid sit? — Dicere tibi non possum; nam ipse nescio; sed fratrem meum interrogabo, qui tibi dicet. — Quo loco id invenisti? — Inveni id ad ripam, prope silvam (*or* prope a silvā). — Perspexerasne id e longinquo (*or* eminus)? — Non necesse erat, ut id e longinquo perspicerem; præteribam enim juxta fluvium. — Vidistine unquam tale quid (quidquam hujusmodi)? — Nunquam. — Estne utile multum loqui (Ecquid multum loqui prodest)? — Si quis linguam aliquam peregrinam discere vult, utile est, ut permultum loquatur (prodest ei permultum loqui). — Prodestne (Refertne) tantum scribere, quantum loqui? — Utilius est loqui, quam scribere; si quis autem linguam aliquam peregrinam discere vult, utrumque faciat oportet. — Prodestne alicui scribere omnia, quæ dicat (*or* quæ dicatur). — Hoc prorsus inutile est. — Ambulatne patruus tuus sæpe? — Vero, quotidie mane ambulat, ante quam jentat, quod hoc salutare sit (*or* esse dicat). — Cur (Quam ob rem) ex academiā expulsus (relegatus) est? — Expulsus est, quod ægrotaret *or* ægrotus esse diceretur). —

Quid gloriatus est? — Gloriatus est, se non modo pensa, quæ hoc in libro continerentur, omnia edidicisse (memoriæ mandavisse), sed semetipsum et exercitia (dictata), quæ ad unumquodque eorum pertinerent, suā manu scripsisse. — Quid imperavit tibi magister tuus, ut facias? — Imperabat mihi, ut librum, quem mihi commodavisset, ipsi afferrem (apportarem).

166. DICTATA CENTESIMA SEXAGESIMA SEXTA.

Unde tu istum librum sumpsisti? — Sumpsi eum ex cubiculo amicæ tuæ. — Licetne (Estne fas) alienos libros absumere (auferre)? — Bene quidem scio, id non (*or* nemini) licere; sed mihi eo opus erat, nec hoc tibi, spero, displicebit; nam tibi eum reddam, simul ut perlegero. — Quinam vocaris? — Nomen est mihi Guilelmus (Guilelmo *or* Guilelmi). — Quid sorori tuæ nomen est? — Nomen est ei Leonora (Leonora appellatur). — Quam ob rem Carolus sororem suam accusat (incusat)? — Quod illa pennas ipsius abstulerit. — Quem hi liberi incusant? — Franciscus Leonoram, et Leonora Franciscum incusant. — Uter eorum jure (recte) incusat (queritur)? — Uterque eorum errat; Leonora enim librum Francisci, et Franciscus librum Leonoræ auferre volunt. — Cui tu Schilleri opera commodavisti? — Ego primum eorum volumen Wilhelmo, alterum autem Elisabethæ commodavi. — Quid illud dicitur Francogallice? — Id non dicitur Francogallice. — Quid vocatur hoc Germanice? — Dicitur (vocatur) hoc pacto. — Attulitne tibi jam sartor togam tuam novam? — Vero, eam mihi jam attulit; sed mihi parum convenit (non bene sedet). — Conficietne tibi aliam? — Necesse est, ut mihi aliam conficiat; nam dono hancce dabo, potius quam eam geram (gestabo). — Visne illo equo usitari? — Eo non usitabor. — Cur eo non usitaberis? — Quod mihi parum convenit. — Solvesne ejus pretium (Visne pro eo solvere)? — Pretium ejus solvam potius, quam eum usurpabo. — Cujus sunt libri illi pulchri? — Guilelmi sunt. — Quis ei eos dedit? — Pater ejus bonus. — Legetne eos? — Lacerabit eos potius, quam eos leget. — Certene scis, fore, ut eos non legat? — Certe scio (Hoc mihi persuasum est); nam is ipse mihi dixit (affirmavit).

167. DICTATA CENTESIMA SEXAGESIMA SEPTIMA.

Exsecutusne es mandatum meum? — Exsecutus sum. — Exsecutusne est frater tuus mandatum, quod ego ei mandavi (*or* mandaveram)? — Exsecutus est. — Visne mihi mandatum aliquod exsequi? — Ego tibi tam multis officiis obligatus (obstrictus) sum, ut mandata tua semper exsecuturus sim (*or* exsequi paratus sim), quandocunque tibi mihi aliquid mandare placebit (placeat). — Quære (*or* Percunctare) ex mangone, utrum mihi equum pretio, quod ei indicaverim (pollicitus sim), dimittere possit. — Certe scio (mihi persuasum est), fore, ut contentus esset, si tu aliquot thaleros amplius adderes (*or* adjicere tibi placeret). — Nihil amplius adjiciam (Nolo quidquam amplius addere). — Si mihi eum illo pretio dimittere possit, ut hoc faciat (*or* facito hoc); sin minus, eum retineat. — Salvete mane, liberi mei! Absolvistisne pensum vestrum imperatum? — Bene scis (*or* Te non præteriit), nos id nunquam non absolvere; nam nos ægroti simus necesse est, ut non absolvamus (*or* peragere negligamus). — Quid nobis hodie faciendum imperas? — Imperabo (Mandabo) vobis pensum nonagesimum ediscendum, et dictata, quæ eo pertineant, absolvenda (scribenda); hæc sunt centesima duodeseptuagesima et (atque) centesima undeseptuagesima. — Facite (*or* Cavete), ne quidquam peccetis! — Sufficitne tibi hicce panis? — Mihi sufficeret (Satis esset), ni (nisi) vehementer esurirem. Quando frater tuus in Americam conscendit? — Velum in altum dedit tricesimo mensis præteriti. — Pollicerisne mihi, te ad fratrem tuum loqui (locuturum)? — Tibi polliceor; ne dubita (*or* factum puta). — In fide tuâ requiesco. — Laborabisne diligentius pro (in, de) penso proximo, quam pro hocce (*or* hodierno) laboravisti? — Laborabo diligentius. — Licetne mihi (*or* Possumne) hoc confidere? — Factum putare tibi licet. — Fac, ut æquo sis animo, amice mi carissime, neve tristis sis; nam tristitia nihil emendat. — Tu creditores tuos ne metuas (vereare); persuasum tibi sit, fore, ut tibi nullam injuriam inferant. — Adhibenda est tibi patientia; solvam tibi, quodcunque mihi pecuniæ mutuum dedisti. — Cave credas, me hoc oblitum esse; nam id in animo verso quotidie. — Cave credas, me horologium portabile tuum aureum tenuisse, neque dominam Wilhelminam pyxidem tuam argenteam tenuisse; nam ego utrumque in sororis tuæ manibus tum videbam (perspiciebam), quum concentui adesses. — Quam pulchrum atramentarium tibi hic est! Quæso, id mihi commodes. — Quid eo facere vis? — Cupio id sorori meæ ostendere. — Accipe (id); sed tibi curæ sit, et cave frangas (*or* ne frangatur). — Ne timeas. — Quid a fratre meo postulas? — Pecuniam ab eo mutuam sumere cupio. — Sume ab alio (Fac *or* Cura, ut ab alio petas). — Si mihi mutuam dare nolit (*or* recuset), ab alio petam. — Bene (prudenter) facies. — Cave cupias (*or* Ne cupieris), quod possidere tibi non liceat (*or* quod habere nequeas), sed fac contentus sis eo, quod providentia divina tibi dederit, et reputa, multos inveniri (esse) homines, qui, quod tu possideas, non habeant. — Vita cum brevis sit, enitamur et contendamus, ut eam, quam gratissimam (jucundissimam) possimus, faciamus (reddamus). — Ecquid tu pensa tua imperata absolvisti (*or* dictata tua scripsisti)? — Absolvere ea non potui, cum frater meus domi non esset (propterea, quod frater meus non domi erat). — Non te oportet pensa tua imperata fratri tuo peragenda (facienda) mandare; sed absolvenda sunt tibi ipsi.

168. DICTATA CENTESIMA DUODESEPTUAGESIMA.

Ecquid discipuli tui dictata (exercitia) sua ediscunt (memoriæ mandant)? — Potius ea lacerare, quam ediscere (memoriæ mandare), malunt. — Quid poscit a me hicce homo? — Pecuniam, quam ei debes, a te postulat. — Si cras mane se domum meam conferet, solvam ei, quod ei debeam. — Pecuniam suam perdere potius, quam eo se conferre, mavult. — Carolus Quintus, qui compluribus linguarum Europensium profluente celeritate utebatur, dicere solebat, loquendum esse nobis (*or* nos colloqui debere *or* oportere) Hispanice cum diis, Italice cum nostrâ amiculâ, Francogallice cum nostro amico, Germanice cum militibus, Anglice cum anseribus, Bohemice denique cum diabolo. — Quid est, cur mater famuli nostri veteris lacrimas effundat? Quidnam ei accidit? — Ea idcirco lacrimat, quod clericus vetus, amicus ejus, qui ei tam multa beneficia tribuerat (*or* tribuisset), pluribus abhinc diebus diem suum obiit (obierit). — Quo morbo (ille) mortuus (absumptus) est? — Apoplexiâ correptus est. — Ecquid tu patrem tuum in litteris suis scribendis adjuvisti? — Vero, eum adjuvi. — Visne me adjuvare (mihi operam tuam commodare)

EXERCISE 168.

in operando, quum (quando) in urbem inibimus? — Adjuvabo te operari, si me, unde vivam (*or* ad sumptum), quæritare adjuvabis. — Percontatusne es de mercatore, qui tam vili vendit? — Etiam, de eo percontatus sum; sed nemo mihi dicere potuit, quid de eo factum sit (esset). — Ubi habitabat, quum tu abhinc tres annos hac regione esses? — In viâ Carolinâ, numero quinquagesimo quinto, habitabat. — Quomodo tibi hoc vinum sapit? — Jucundissime (*or* admodum jucunde) sapit; sed aliquantum acerbius (acidulum) est. — Accepistine jam Cæsaris et Ciceronis opera? — Ego Cæsaris tantum (*or* sola) adhuc accepi; quod ad Ciceronis attinet, ego ea hebdomade proximâ accipere exspecto (spero). — Quomodo sorori tuæ mala illa sapiunt? — Jucundissime ei sapiunt (Maxime ea quidem appetit); tamen ea aliquantulo dulciora esse affirmat. — Visne esse tam benignus, ut mihi scutulam illam porrigas? — Magnâ cum voluntate (*or* Libentissime). — Visne me tibi hosce pisces porrigere? — Gratias tibi agam (*or* Gratum mihi facies), si mihi eos porriges. — Oportetne me sorori tuæ panem porrigere (præbere *or* deferre)? — Gratissimum mihi facies, si porriges. — Quomodo mater tua cibaria nostra appetit? — Valde ea appetit; ait autem se satis manducasse (*or* se cibo satiatam esse). — Quid me rogas? — Visne tam benignus esse, ut mihi frustulum (carnis) illius vervecinæ des? — Visne mihi, quæso, lagenam illam porrigere? — Nondumne satis bibisti (*or* potu satiatus es)? — Nondum; nam adhuc sitio. — Visne me tibi poculum vino implere (*or* poculum infundere)? — Non; vinum ex malis confectum præopto. — Cur non manducas? — Nescio, quid edam (manducem). — Quis ostium (januam) pulsat? — Peregrinus aliquis est. — Quid (*or* Quâ de causâ) lacrimat? — Lacrimat (flet) propterea, quod magnam calamitatem acceperit. — Quid tibi accidit? — Nihil mihi accidit. — Quo ibis hodie vesperi? — Non scio, quo eam (Quo eam, nescio). — Quo ibunt fratres tui? — Nescio, quo ituri sint; quod ad me attinet, ego in theatrum ibo (iturus sum). — Quam ob rem in urbem is? — Ego illo libros comparatum eo (*or* Eo illo, ut aliquot libros coemam *or* librorum coemendi causâ). — Visne unâ mecum illo ire? — Volo tecum unâ ire; nescio autem, quid ibi faciam. — Oportetne me (Licetne mihi) homini illi die cæcâ vendere? — Par est, ut ei vendas, sed non die cæcâ; cave, ne ei confidas (credas); nam tibi debita non solvet. — Ecquem jam fraudavit (Fraudavitne jam aliquem)? — Fraudavit (Fefellit) vero jam complures mercatores, qui ei confisi erant (qui ei crediderant *or* in diem vendiderant). — Oportetne me mulieribus illis nobilibus confidere (credere)? — Licet tibi iis credere (in diem vendere); sed quod ad me attinet, ego eis non credam; sæpius enim ego a mulieribus falsus sum; en causa, cur dico, nos non cuivis credere oportere. — Confiduntne (Creduntne) tibi illi mercatores? — Confidunt mihi, et (sicut) ego iis confido. — Quâ de causâ homines illi nos derident (risos habent)? — Risos nos habent, quod male loquamur. — Quid tu rides? — Pileum tuum (De pileo tuo) rideo.

169. DICTATA CENTESIMA UNDESEPTUAGESIMA.

Ubi tu dominam illam cognovisti (vidisti)? — Ego eam apud quemdam de cognatis meis cognovi (vidi). — Tun' es, Carole, qui librum meum inquinasti? — Non ego sum; sororcula tua est, qui eum inquinavit. — Quis atramentarium meum pulchrum fregit? — Ego sum, qui (id) fregi. — Vosne illi estis, qui de me locuti estis? — Nos ii sumus, qui de te locuti sumus; sed nisi bonum nihil de te diximus. — Quâ de causâ consobrinus tuus me pecuniam atque libros rogat (poscit, postulat)? — Quia stultus est; a me, qui propinquissimâ et cognatione conjunctus suique amicissimus sum, nihil postulat. — Quin tu ad cœnam venisti? — Retardatus sum; sed (tamen) sine me cœnare potuistis. — Numquid putas (arbitraris), nos non cœnaturos, nisi sit, ut tu venire possis (*or* si tu venire non possis)? — Quo usque (temporis) me opperiebamini (*or* me exspectabatis)? — Nos te usque ad quadrantem horæ post septimam exspectabamus (opperiebamur); et, quoniam non veniebas (venisti), nos sine te cœnavimus. — Propinastisne mihi salutem? — Etiam, salutem nos et tibi et parentibus tuis propinavimus. — Homo quidam vini cupidissimus erat; sed (tamen) in eo duas malas qualitates inveniebat. "Si aquam ei adfundo," inquiebat, "ego id corrumpo (perdo), sin vero non (nihil) adfundo, me corrumpit (perdit)." — Quali specie est patruus tuus? — Hilarissimam speciem præ se fert; nam liberi ejus ei valde opprobantur (liberos suos valde approbat). — Ecquid amici ejus tam hilares esse videntur (tam hilarem speciem præbent), quam ipse? — Immo illi potius tristem speciem habent (præ se ferunt) propterea, quod sorte suâ non contenti sunt. — Patruus meus pecuniâ caret (pecuniam non habet), et tamen contentissimus est; sed amici ejus, qui (*or* quanquam) grandem (*or* copiam ejus) habent, tamen vix unquam contenti sunt. — Diligisne sororem tuam? — Ego eam valde (maxime) diligo, et quoniam ea erga me officiosissima (benignissima) est, ego erga eam pariter (similiter *or* non minus) sum; tu autem quomodo tuam diligis? — Nos inter nos amamus (*or* alter alterum amamus) propterea, quod inter nos contenti sumus (*or* probamur). — Estne consobrinus tuus tibi consimilis? — Est mihi consimilis. — Ecquid sorores tuæ inter se consimiles sunt? — Non consimiles sunt inter se (Mores altera alterius non referunt); nam maxima earum natu ignava malisque moribus est, minima natu autem (e contra) assidua atque erga omnes humana (officiosa, benigna) est. — Quis pulsat ostium (januam, fores)? — Ego sum; tun' recludere vis? — Quid optas? — Venio te postulatum pecuniam, quam mihi debes, et libros, quos ego tibi commodavi. — Si tam benignus esse vis, ut cras venias, ego tibi utraque reddam (restituam). — Perspicisne domum illam? — Perspicio; quid domûs est? — Deversorium est; inibimus (intrabimus), si tibi collibitum est, ut scyphum vini bibamus (scyphum vini potatum); sum enim valde sitiens (nam valde sitio). — Tu semper (nunquam non) sitis, quum (*or* quotiescunque) deversorium vides. — Si intramus, ego tibi poculum propinabo. — Ego potius non bibere, quam deversorium quodvis inire, malo. — Quando mihi solves, quod mihi debes (debeas)? — Quum (*or* Simul ut) pecuniam habebo; me hodie aliquid postulare nihil prodest (inutile est); nam te non præterit (*or* fugit), nihil ab illo, qui nihil possideat (habeat), esse impetrandum. — Quando tibi pecuniam futuram arbitraris? — Credo (spero) fore, ut mihi anno proximo nonnulla sit. — Vis perficere (*or* Perficiesne) id, quod ego tibi dicam (dicturus sim)? — Perficiam, si non nimis est difficile. — Cur me rides (irrides, risum habes)? — Non te, sed togam tuam risum habeo. — Tuæ nonne specie consimilis est? — Non consimilis est; mea enim curta, tua longior est; mea nigra, tua viridis est.

170. DICTATA CENTESIMA SEPTUAGESIMA.

Numquid æquum (justum) est, te tali modo unumquemque irridere (*or* ut hunc ad modum omnes risos habeas)? — Ego, si togam (vestem) tuam derideo, non eâ de causâ omnes irrideo. — Ecquid filius tuus alicui (cuiquam) facie consimilis est? — Non est similis ulli (Nemini consimilis est). — Quin (= Cur non) bibis? — Haud scio, quid bibam; nam ego bonum vinum appeto, et tuum aceto simile est. — Si aliud (*or* de alio) habere vis, in doliarium descendam, ut tibi ejus aliquantum apportem. — Benigne dicis (Jam gratia est), domine; ego hodierno tempore nihil amplius bibam. — Estne jam diu, ex quo tibi pater meus notus est? — Est vero jam diu; nam eum cognovi, quum scholam adhuc frequentabam. — Sæpe nos alter pro altero laborabamus; nam fratrum more (velut *or* tanquam fratres) inter nos amabamus. — Credo; nam inter vos consimiles estis. — Quandocunque ego pensa mea imperata non peregissem (dictata mea non scripsissem), is ea meâ vice peragebat (scribere solebat), et quum ille sua peragere neglexisset, ego ea ejus vice (pro eo) peragebam. — Cur pater tuus medicum adduci jubet? — Ægrotus est, et, quoniam medicus non venit, eum adduci (arcessi) jubet. — Succensetne (Iratusne est) tibi ille homo? — Eum idcirco mihi succensere (iratum esse) arbitror, quia ad eum visere non eam; sed ego domum ejus nisi invitus nunquam frequento; nam quum eum convenio (visito), tantum abest, ut me benigne (comiter) excipiat, ut torvis oculis me intueatur (intueri soleat). — Ne credas, eum tibi iratum esse; nam non is malus est, qui esse videatur. Homo omnium præstantissimus est (*or* Vir tam bonus, ut qui optimus, est), sed eum cognoscas oportet, ut eum diligas carumque habeas. — Magnum discrimen est inter vos (Perninium interest inter vos); tu omnibus ad te visere venientibus arrides, ille autem eos torvis oculis excipere solet. — Cur tu hominibus illis familiariter uteris? — Ego iis idcirco familiariter utor, quod mihi utiles (usui) sunt. — Si familiariter iis uti pergis (Si consuetudinem cum iis continuas), tu rixis pessimis implicaberis, nam multos sibi inimicos habent. — Quomodo se gerit consobrinus tuus? — Se minus (*or* parum) honeste gerit; semper enim rixas aliquas in se conflat (perpetuo se jurgiis aliquibus implicat). — Tu nonne aliquando rixas malas in te conflas? — Verum quidem est, me nonnunquam in angustum venire; tamen ego semper me rursus expedio (extrico). — Videsne illos homines, qui nos adire velle videntur? — Vero, eos video, sed eos non metuo; nocent enim nemini. — Abeundum est nobis; nam ego me hominibus, quos ignoro, non libenter immisceo. — Ne eos timeas, te obsecro; nam patruum meum inter eos perspicio. — Notusne tibi est locus aliquis ad nandum opportunus? — Notus mihi est aliquis. — Ubi est (situs est)? — Ultra fluvium, pone versus silvam, juxta viam publicam situs est. — Quando nos nare (natare) ibimus? — Hodie vesperi, si tibi collibet. — Visne me opperiri ante urbis portam? — Te ibidem opperiar (expectabo); sed te oro atque rogo, ne hoc obliviscare. — Non te fugit, me promissorum meorum nunquam oblivisci. — Monuistine fratrem tuum, ne hodie scriberet? — Vero, eum et monui et hortatus sum. — Quis pervicit? — Cæsar et mari et terrā pervicit. — Non modo pervicit, sed etiam triumphavit. — Loquiturne Latine? — Loquitur vero tum Græce tum Latine. — Potestne epistolam scribere (Num epist. scribere scit)? — Immo vero epistolam non modo (non) scribere, sed vix legere potest (scit).

171. DICTATA CENTESIMA UNA ET SEPTUAGESIMA.

Ah, actum est de me! — Sed, pro Juppiter! quam ob rem tu tantum clamas (tantum clamorem edis *or* tollis)? — Ego anulis meis aureis, vestimentis meis optimis, atque omni meā pecuniā despoliatus sum; en causa (hæc est causa), cur clamem. — Ne tantum tumultuere, quæso; nam nos ii sumus, qui tibi omnia hæc abstulerimus, ut te tua (res tuas) melius custodire (curare), et cubiculi tui ostium domo exeuntem claudere (obserare) edoceamus. — Cur tu tam tristis videris (tam tristi vultu es)? — Multa ego mala expertus (perpessus) sum; quum omnes meas pecunias perdidissem, ego ab hominibus humili specie (*or* deformibus) verberatus sum, et cum majore meā calamitate ego nunc patruum meum, virum optimum, quem ego tantopere amo (a me tantopere amatum), apoplexiā correptum esse cognosco. — Ne tantopere doleas (Noli tanto in mœrore esse); nam veniam necessitati dare nos oportet, nec tu verbum (adagium) illud ignoras: "Factum fieri infectum non potest." — Potesne illum hominem dimittere (absolvere, ablegare)? — Dimittere eum non possum; nam me utique (*or* præfracte) consectari vult. — Mente captus est. — Quid a te postulat? — Vendere mihi vult equum, quem ego non desidero. — Cujus hæ domus sunt? — Meæ sunt. — Tuæne hæ pennæ sunt? — Non, sororis meæ sunt. — Suntne hæ pennæ, quibus illa tam belle scribit? — Eædem (*or* Ipsæ) sunt. — Quis, quem accusas, homo est? — Ille est, qui togam rubram gestat. — "Quid interest inter horologium portabile et me?" hæc quæsivit femina quædam nobilis a præfecto militari.

"Domina mea," ille respondit, "horologium portabile horas indicat, et te coram nos earum obliviscimur." — Rusticus quidam Russus, qui nullos unquam asinos conspexisset, complures eorum forte in Germaniā videns, "Mehercule," inquit, "quanti equi hac in terrā inveniuntur!" — Quam multis beneficii vinculis ego tibi devinctus sum, amice mihi carissime! Tu me a morte servasti (Tu salutis meæ auctor es)! Sine tuā operā actum fuit (= fuisset) de me! — Ecquid tibi homines illi deperditi injuriam intulerunt? — Vero, me verberibus ceciderunt atque despoliarunt; et quum tu mihi succurreres (subvenires), in eo erant, ut me exuerent et occiderent. — Gaudeo hoc, quod te ex manibus illorum latronum eripui (*or* me te ex manib., &c., eripuisse). — Quam humanus es! — Adibisne ad amicum tuum hodie vesperi? — Ibo fortasse (*or* Nescio an iturus sim). — Ibuntne et sorores tuæ? — Ibunt fortasse (*or* Haud scio an iturae sint). — Ecquid tibi concentus hesternus arridebat (probabatur *or* placebat)? — Parum mihi arridebat, aderat enim ibi tanta vis hominum, ut intrare vix possemus. — Affero tibi bellum munusculum, quod tibi valde arridebit (quod valde probabis). — Quid est? — Focale sericum (bombycinum) est. — Ubi est? — Id in marsupio meo teneo. — Placetne tibi (Ecquid tibi arridet)? — Vero, mihi valde arridet (maxime placet), et ego tibi gratiam pro eo refero, quantam maximam animus capere potest. — Spero, fore, ut tu quoque tandem aliquid a me accipias. — Quid mihi dare cogitas? — Hauddum tibi dicam; nam si tibi dicam, minorem inde voluptatem percipies (habebis) tum, quum tibi dabo. — Quam ob rem illi homines inter se rixantur? — Inter se propterea rixantur, quod, quid sibi faciendum sit, nesciunt. — Contigitne iis, ut flammas extinguerent? — Etiam, tandem quidem iis contigit; dicitur autem plures domos igni deletas esse (sed complures domus incendio deflagravisse dicuntur). — Nihilne quidquam ex flammis servare (eripere) potuerunt? — Nihil servare potuerunt; homines enim illi perditi, qui advolaverant, non modo flammas non extinguebant, sed prædari etiam cœperant. — Cur profectus est amicus noster sine me? — Te usque ad duodecimam horam opperiebantur, et quoniam non veniebas (venire negligebas), profecti sunt sine te.

172. DICTATA CENTESIMA ALTERA ET SEPTUAGESIMA. (EPISTOLÆ.)

1. M. T. C. C. CURIONI S. D.*

Gravi teste privatus sum amoris summi erga te mei, patre tuo, clarissimo viro: qui cum suis laudibus, tum vero te filio, superasset omnium fortunam, si ei cantigisset, ut te ante videret, quam a vitā discederet. Sed spero nostram amicitiam non egere testibus. Tibi patrimonium dii fortunent! Me certe habebis, cui et carus æque sis, et jucundus, ac fuisti patri. Vale.

2. M. T. C. TERENTIÆ S. P. D.

Si vales, bene est; valeo. Nos neque de Cæsaris adventu, neque de litteris, quas Philotimus habere dicitur, quidquam adhuc certi habemus. Si quid erit certi, faciam te statim certiorem. Valetudinem tuam fac ut cures. Vale.

3. M. T. CICERO TERENTIÆ SUÆ S. P. D.

In Tusculanum nos venturos putamus aut Nonis, aut postridie. Ibi ut sint omnia parata. Plures enim fortasse nobiscum erunt, et, ut arbitror, diutius ibi commorabimur. Labrum si in balneo non est, ut sit. Item cetera, quæ sunt ad victum et ad valetudinem necessaria. Vale.

4. M. T. C. ACILIO PROC.(ONSULI) S. P. D.

Hippiam, Philoxeni filium, Calactinum, hospitem et necessarium meum, tibi commendo in majorem modum. Ejus bona, quemadmodum ad me delata est res, publice possidentur alieno nomine, contra leges Calactinorum. Id si ita est, etiam sine meā commendatione ab æquitate tuā res ipsa impetrare debet, ut ei subvenias. Quoquo modo autem se res habet, peto a te, ut honoris mei causā eum expedias, tantumque ei commodes et in hac re et in ceteris, quantum tua fides dignitasque patietur. Id mihi vehementer gratum erit.

* Marcus Tullius Cicero Gajo Curioni salutem dicit.

5. M. T. C. ALLIENO PROCOS. S. P. D.

Et te scire arbitror, quanti fecerim C. Avianum Flaccum: et ego ex ipso audieram, optimo et gratissimo homine, quam a te liberaliter esset tractatus. Ejus filios dignissimos illo patre, meosque necessarios, quos ego unice diligo, commendo tibi sic, ut majore studio nullos commendare possim. C. Avianus in Siciliā est. Marcus est nobiscum. Ut illius dignitatem præsentis ornes, rem utriusque defendas, te rogo. Hoc mihi gratius in istā provinciā facere nihil potes. Idque ut facias, te vehementer etiam atque etiam rogo. Vale.

6. M. T. C. TERENTIÆ SUÆ S. D.

S. V. B. E. V. Si quid haberem, quod ad te scriberem, facerem id et pluribus verbis, et sæpius. Nunc quæ sint negotia, vides. Ego autem quomodo sim affectus, ex Leptā et Trebatio poteris cognoscere. Tu fac, ut tuam et Tulliæ valetudinem cures. Vale.

7. M. CICERO S. D. TREBATIO.

Legi tuas litteras; ex quibus intellexi, te Cæsari nostro valde jureconsultum videri. Est quod gaudeas, te in ista loca venisse, ubi aliquid sapere viderere. Quodsi in Britanniam quoque profectus esses, profecto nemo in illā tantā insulā peritior te fuisset. Verumtamen * * * subinvideo tibi, ultro te etiam arcessitum ab eo, ad quem ceteri, non propter superbiam ejus, sed propter occupationem, adspirare non possunt. Sed tu in istā epistolā nihil mihi scripsisti de tuis rebus, quæ mehercule mihi non minori curæ sunt, quam meæ. Valde metuo, ne frigeas in hibernis. Quamobrem camino luculento utendum censeo. Idem Mucio et Manilio placebat; præsertim qui sagis non abundares; quamquam vos nunc istic satis calere audio; quo quidem nuntio valde mehercule de te timueram. Sed tu in re militari multo es cautior, quam in advocationibus; qui neque in Oceano natare volueris, studiosissimus homo natandi, neque spectare essedarios, quem antea ne Andabatam quidem defraudare poteramus. Sed jam satis jocati sumus. Ego de te ad Cæsarem quam diligenter scripserim, tute scis; quam sæpe, ego. Sed mehercule jam intermiseram, ne viderer liberalissimi hominis meique amantissimi voluntati ego me diffidere. Sed tamen his litteris, quas proxime dedi, putavi esse hominem commonendum. Id feci. Quid profecerim, facias me velim certiorem, et simul de toto statu tuo consiliisque omnibus. Scire enim cupio, quid agas, quid exspectes, quam longum istum tuum discessum a nobis futurum putes. Sic enim tibi persuadeas velim, unum mihi esse solatium, quare facilius possim pati, te esse sine nobis, si tibi esse id emolumento sciam; sin autem id non est, nihil duobus nobis est stultius: me, qui te non Romam attraham, te, qui non huc advoles. * * * Quare omnibus de rebus fac ut quam primum sciam. Aut consolando, aut consilio, aut re juvero.

THE END.

BIBLIOLIFE

Old Books Deserve a New Life
www.bibliolife.com

Did you know that you can get most of our titles in our trademark **EasyScript**[TM] print format? **EasyScript**[TM] provides readers with a larger than average typeface, for a reading experience that's easier on the eyes.

Did you know that we have an ever-growing collection of books in many languages?

Order online:
www.bibliolife.com/store

Or to exclusively browse our **EasyScript**[TM] collection:
www.bibliogrande.com

At BiblioLife, we aim to make knowledge more accessible by making thousands of titles available to you – quickly and affordably.

Contact us:
BiblioLife
PO Box 21206
Charleston, SC 29413